수학지도 힘드시죠?

동영상학습으로 쉽게 끝내세요!

동영상 관련 문의사항은 **이지교육 홈페이지** www.easyedui.com
Q&A를 이용해주세요.

숫자떼기 동영상은 각 단원별
QR코드를 찍어 시청해주세요.

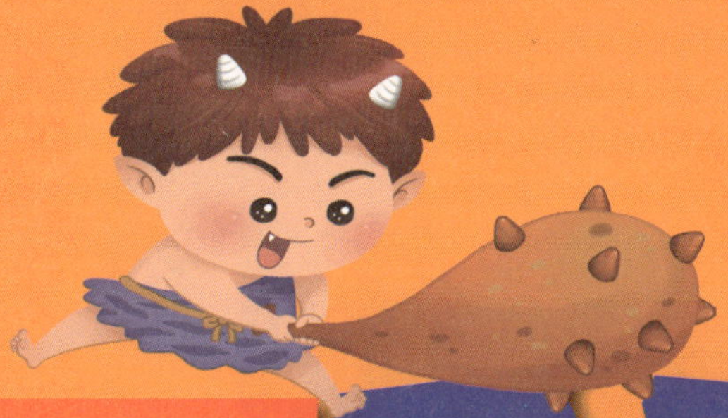

동영상과 함께

뚝 딱 3개월에 숫자떼기

창의력 향상과 스토리텔링의
이해를 위한
3개월에 숫자떼기!

머리말

안녕하십니까?

이지교육의 '뚝딱 3개월에 숫자떼기' 교재와 동영상[교재 안에 QR코드로 영상 보기]은 30여 년간 아이들을 지도하며 쌓은 경험과 Know-how를 바탕으로 어린이들이 수학을 처음 시작하면서 겪게 되는 여러 가지 어려움을 충분히 반영하여 수의 세기, 크기비교, 덧·뺄셈 등을 어렵지 않게 극복하는데 도움이 될 것입니다.

모든 학문의 기본이라 할 수 있는 수학!

반드시 극복해야 할 과목이고 결코 어렵지 않은 과목인데도, 대부분의 어린이들은 수에 대해 막연한 두려움을 갖는 경우가 많고, 그러한 두려움이 은연중에 수학에 대해 거부감을 갖게 하며, 수학 공부에 쏟는 시간과 노력에 비해 낮은 성취도로 공부하는 내내 아이들을 괴롭히곤 합니다.

이 책에서는 수의 기초부터 단계별로 아이들이 흥미를 느끼고 이해하기 쉽도록 말풍선을 넣어 이해를 돕고자 하였으며, 신 개념의 계산법 등을 삽입하여 연산능력을 높일 수 있도록 하는데 중점을 두었습니다.

특히 아이들의 흥미와 동기유발을 이끄는 동영상과 함께 학습한다면 수학에 자신감을 갖게 될 것입니다.

아무쪼록, 창의력의 향상은 물론 스토리텔링 수학 이해의 바탕이 되는 수의 계열 이해와 연산능력 향상에 초점을 맞추어 펴낸 '뚝딱 3개월에 숫자 떼기' 교재와 동영상이 우리의 자라나는 새싹들이 수학의 기초를 확립하는데 보탬이 되고, 멀고 먼 학문의 길을 가는데 든든한 동반자가 될 수 있기를 기대합니다.

(이 교재는 만 4세 이상 어린이의 수학 기초정리에 효과적입니다.)

감사합니다.

학부모님께

수학은, 말 그대로 수에 대해 공부하는 과목입니다. 그래서 수학의 기본은 수 세기와 계산이라고 할 수 있으며, 수의 세기(기수), 수의 순서(서수), 수의 크기 비교에 대한 이해가 중요합니다. 이러한 수학의 개념만 이해해도 수학을 어려워하거나 두려워하지 않게 됩니다.

1. '뚝딱 3개월에 숫자 떼기' 교재의 특징

이지교육의 **'숫자 떼기'**는 아이들이 이해하기 쉽게 핵심 포인트를 중심으로 **총 4권**으로 수학적 개념을 정리하였습니다.

※ 특징

첫째

아이들이 공통적으로 어려워하는 부분을 단계별로 정리하였으며, 충분한 예를 들어 쉽게 설명하여 학습자의 이해를 돕고자 하였습니다.

둘째

길잡이, 말풍선으로 보충 설명을 곁들여 수학에 대한 거부감 없이 접근할 수 있게 하는 아주 **'친절한 책'**입니다.

셋째

3개월의 짧은 학습으로 수학의 개념을 잡게 해 주므로 효율적이고, 또한 가계 부담을 줄일 수 있으므로 매우 경제적입니다.

넷째

아이들이 학습 중 어려워하는 부분은 이지교육에서 꾸준히 학습관리를 통해 해결해 드리므로, 지도에 따른 부모님의 부담을 덜 수 있습니다.

다섯째

모든 학문은 기본적으로 글 읽기를 통해 어휘력이 뒷받침 된다면 이해가 빠르고, 성취도도 높아지게 됩니다. 특히 수학을 처음 시작하는 어린이들의 경우 용어 이해가 받침이 되어야 학습에 대한 부담을 줄일 수 있으며, 여기에 연산능력이 뒷받침 될 때 수학에 흥미와 자신감을 갖게 되고 창의력을 발휘 할 수 있게 됩니다. 따라서 학습어휘를 쉽게 이해 할 수 있도록 길잡이, 말풍선에 정리했습니다.

2. 숫자떼기 1권 내용소개

    1) 선 긋기 - 기초 학습과정
    2) 수와 숫자 익히고 짝 짓기 - 수와 숫자의 이해
    3) 수의 크기 비교 - 수와 숫자의 이해
    4) 기수와 서수 익히기 - 수 세기 및 순서의 이해
    5) 가르기(뺄셈), 모으기(덧셈)의 이해 - 덧·뺄셈의 개념 이해
    6) 10 이하의 수 덧·뺄셈

3. 지도방법과 효과

  시작 전에 먼저 동영상을 보여 주시고 길잡이나 말풍선의 내용을 충분히 이해 할 수 있도록 하여 흥미를 갖도록 유도한 다음 지도를 시작합니다.

  수학에 대한 거부감 없이 1권부터 단계별로 지도하신다면, 2권 종료 시에는 작은 수의 덧·뺄셈의 이해는 물론 초등학교 1학년 1학기 수준인 두자리의 수 + 한 자리의 수 계산에 도달하게 됩니다.

4. 기타

  이 교재는 단계적으로 각 권별, 패턴별 이해가 이루어진다면 빠르고 정확한 연산을 바탕으로 무한진도로 학습이 이루어 질 수 있도록 편집하였습니다.
  부분적으로 부족한 연산문제나, 이해의 보충을 위해서, 다른 교재를 추가로 병행지도 하시기 바랍니다.

  지도 중 의문사항은 이지교육 편집부(02-2648-3065, 070-4442-9963)로 문의 주시기 바랍니다.

감사합니다.
이지교육 편집부

목 차

	내 용	해당쪽수
	하나. 수학의 기초를 튼튼히 해요.	
1	선긋기(학습의 기초정리 하기)	8
2	비교하기(용어의 이해)	10
3	짝짓기(대응관계의 이해)	13
	탐구활동1(연구하며 공부해요.)	21
	둘. 수학에 대해 알아볼까요?	
4	수와 숫자 (1~5까지 수 익히기)	22
5	수와 숫자 (6~10까지 수 익히기)	38
	1) 1~10까지 수 익히기	54
	※ 다른 그림 찾기	57
6	수의 순서(서수-수의 차례 익히기)	58
7	수의 크기 비교(수와 숫자의 대응 이해)	61
	탐구활동2(연구하며 공부해요.)	70
	셋. 덧셈과 뺄셈에 대해 배워요	
8	수 가르기와 모으기(덧·뺄셈의 개념 이해)	71
	1) 5이하 보수의 이해	81
9	1~5까지의 덧셈	85
	1) 덧셈식의 읽기	86
	2) 작은 수의 덧셈	98
10	1~5까지의 뺄셈	115
	1) 뺄셈식의 읽기	116
	2) 작은 수의 뺄셈	129
	문제를 풀어 보아요.	137
	탐구활동3(연구하며 공부해요.)	139
	※ **총괄평가문제(얼마나 잘하는지 알아보아요.)**	140

01 선 긋기 (학습의 기초정리 하기)

공부한 날 :　　　월　　　일

 동물 친구들이 달리기를 해요.
동물 친구들이 가야 할 길을 점선 따라 선을 그어 보세요.

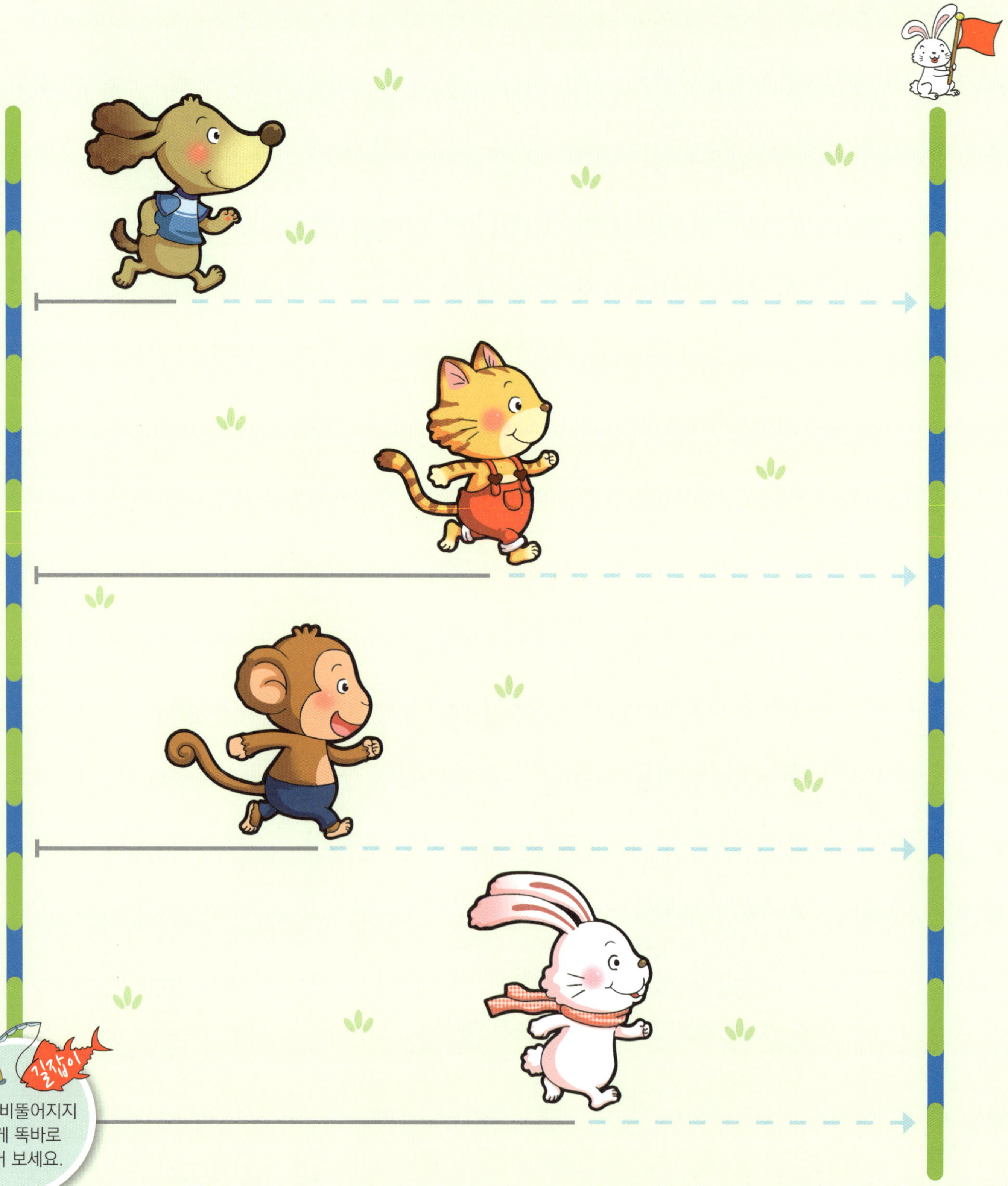

선이 비뚤어지지 않게 똑바로 이어 보세요.

 종이비행기가 날아갑니다. 점선을 따라 선을 그어 보세요.

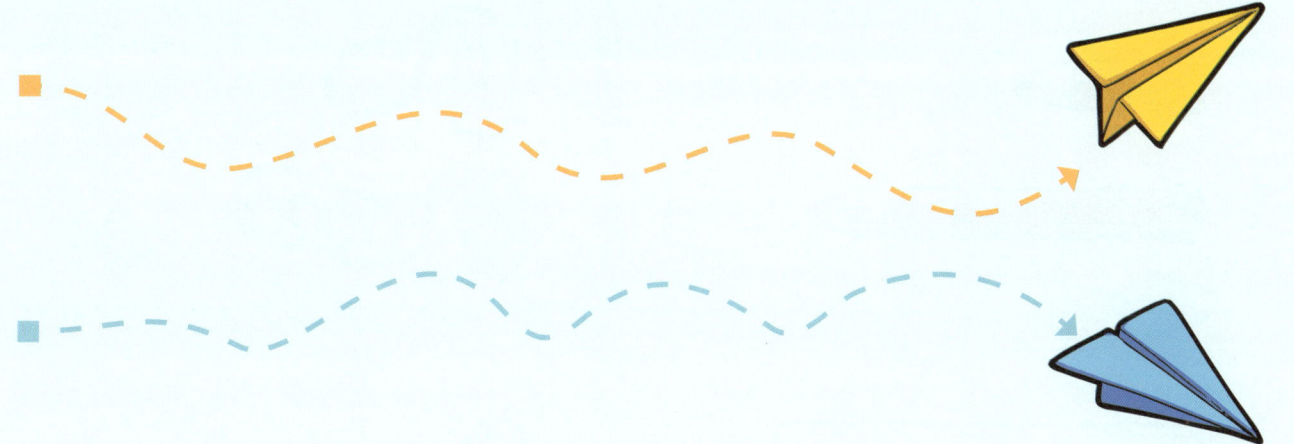

 점선을 따라 선을 그어 보세요.

02 비교하기 (용어의 이해)

공부한 날: 월 일

길이를 비교해 보고 더 긴 쪽에 ○표 하세요.

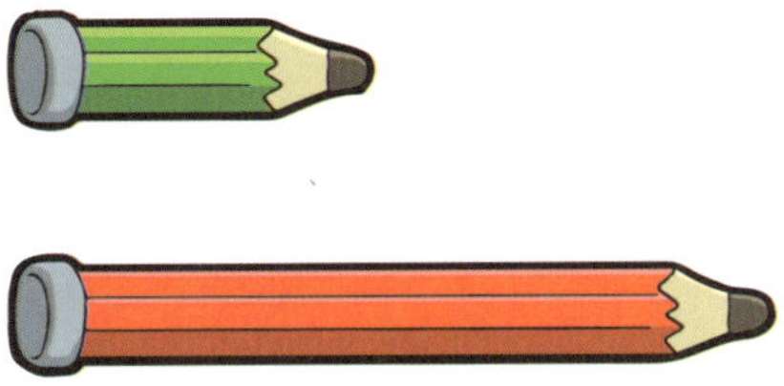

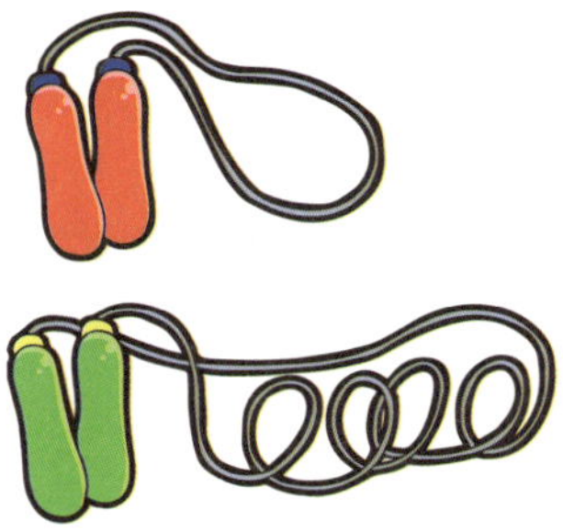

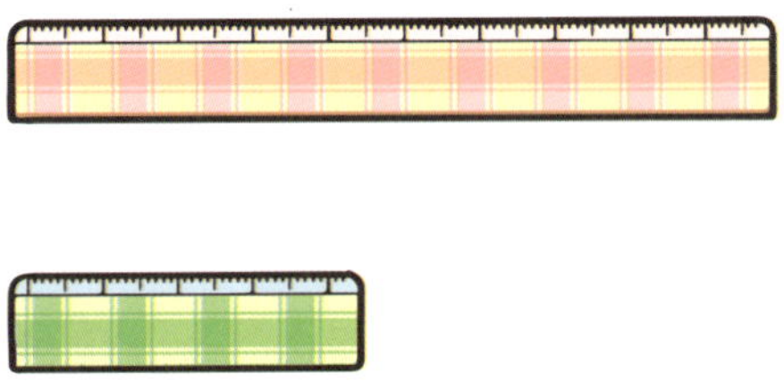

연필보다 더 긴 쪽에 모두 ○표 하세요.

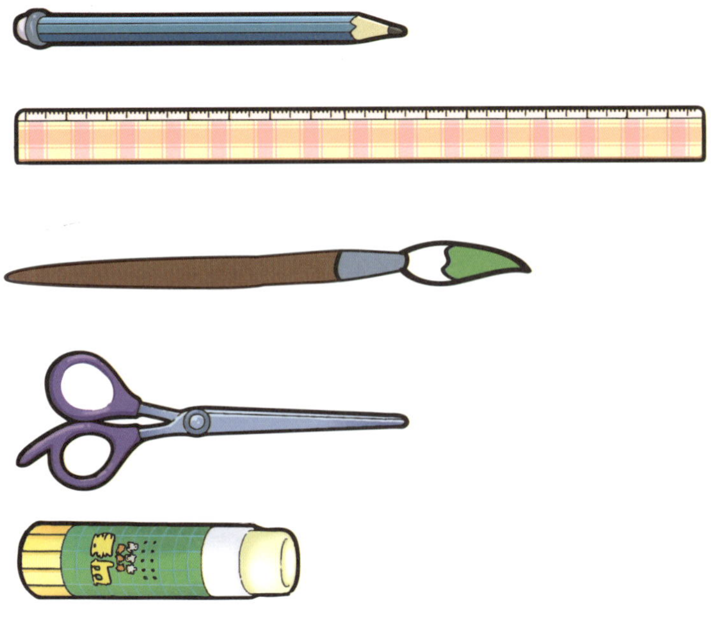

'길다, 짧다', '크다, 작다', '무겁다, 가볍다'의 의미를 알게 설명해 주세요.

 크기를 비교해 보고 더 큰 쪽에 ◯ 표 하세요.

아빠는 크고 나는 작다.

키가 가장 큰 쪽에 ◯ 표 하세요.

 가장 무거운 쪽에 ◯ 표, 가장 가벼운 쪽에 △ 표 하세요.

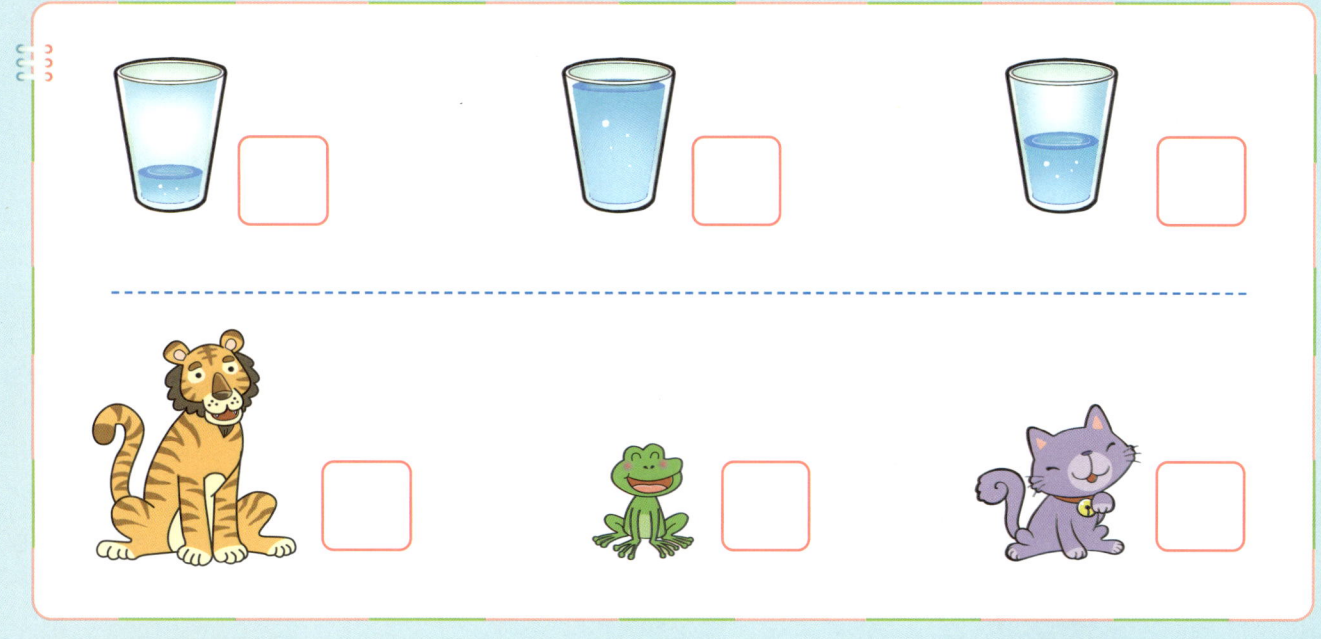

 더 높은 쪽에 ◯ 표 하세요.

 가장 높은 쪽에 ◯ 표, 가장 낮은 쪽에 △ 표 하세요.

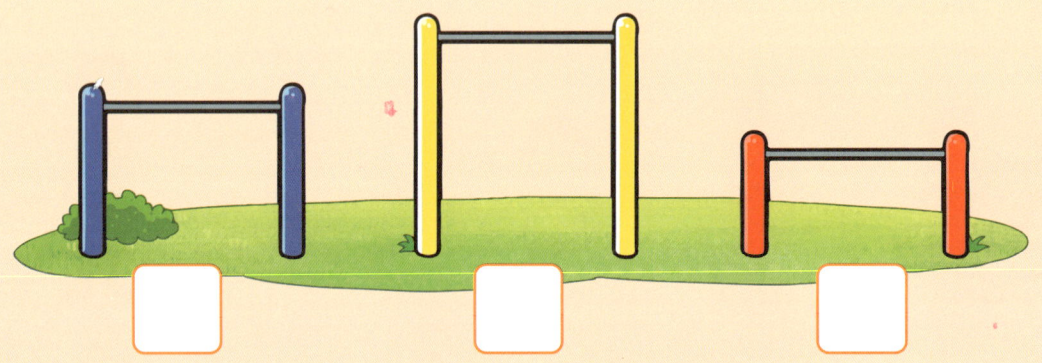

 가장 넓은 호수에 ◯ 표, 가장 좁은 호수에 △ 표 하세요.

 방에 있는 물건 중에서 색종이보다 더 넓이가 넓은 물건을 세 가지 찾아보세요.

03 짝짓기 (대응관계의 이해)

공부한 날 :   월   일

 보기 와 같이 하나씩 짝지어 선으로 이어 보세요.

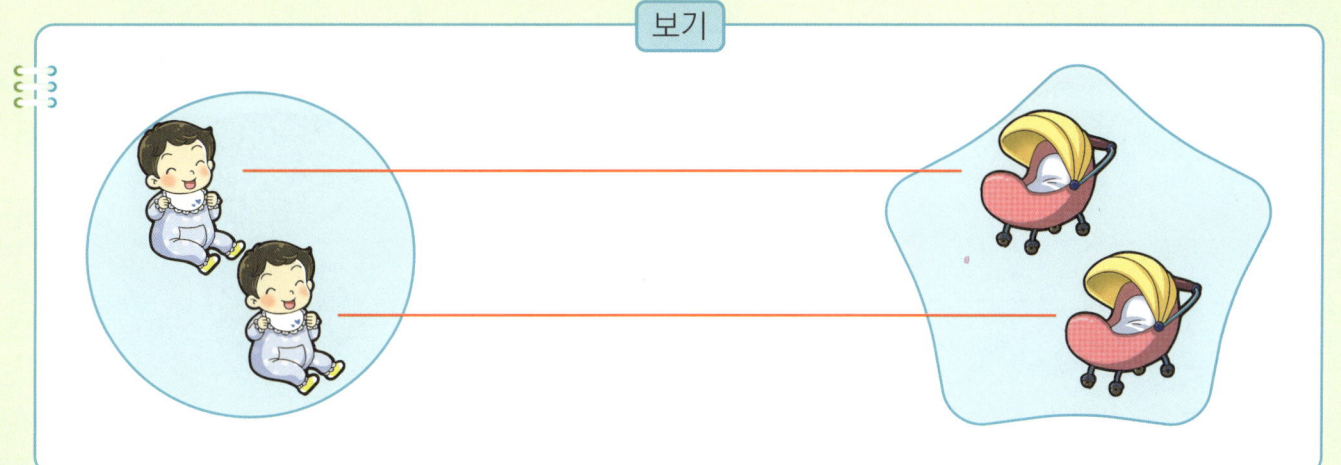

짝짓기 줄이 꼬이지 않도록 선을 긋게 합니다. 하나씩 짝짓기를 하여 **두 집합의 수가 같다는 것을** 알게 합니다.

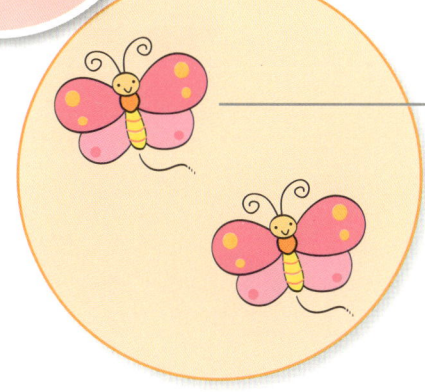 

짝짓기

 보기 와 같이 차례대로 하나씩 짝지어 선으로 이어 보세요.

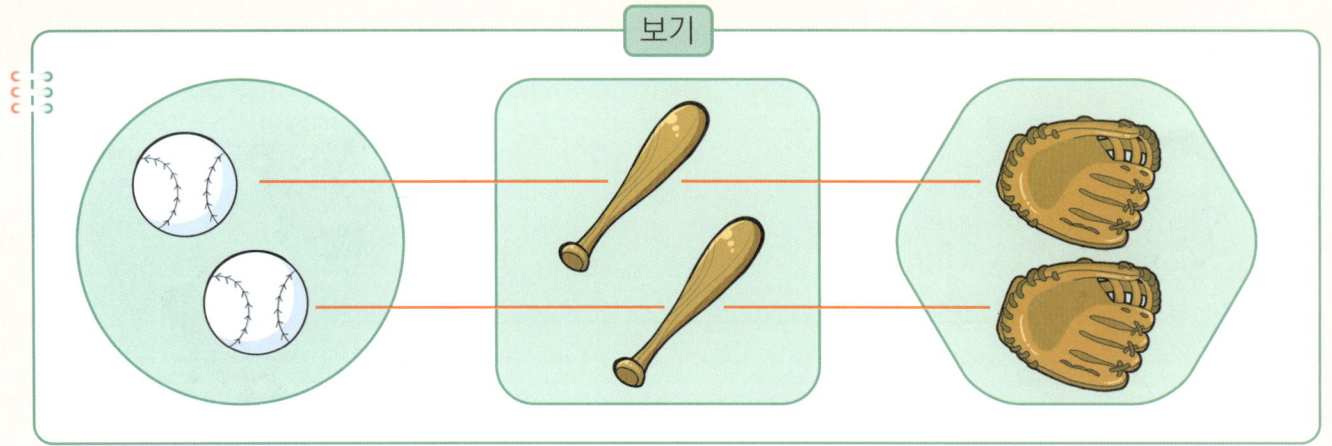

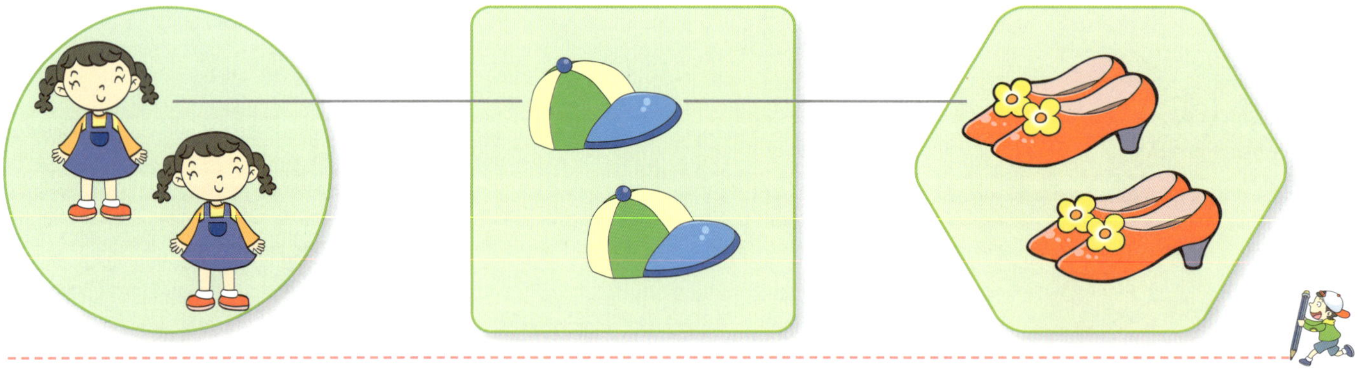

그림의 수만큼 ◯ 를 그리고, 짝지어 선으로 이어 보세요.

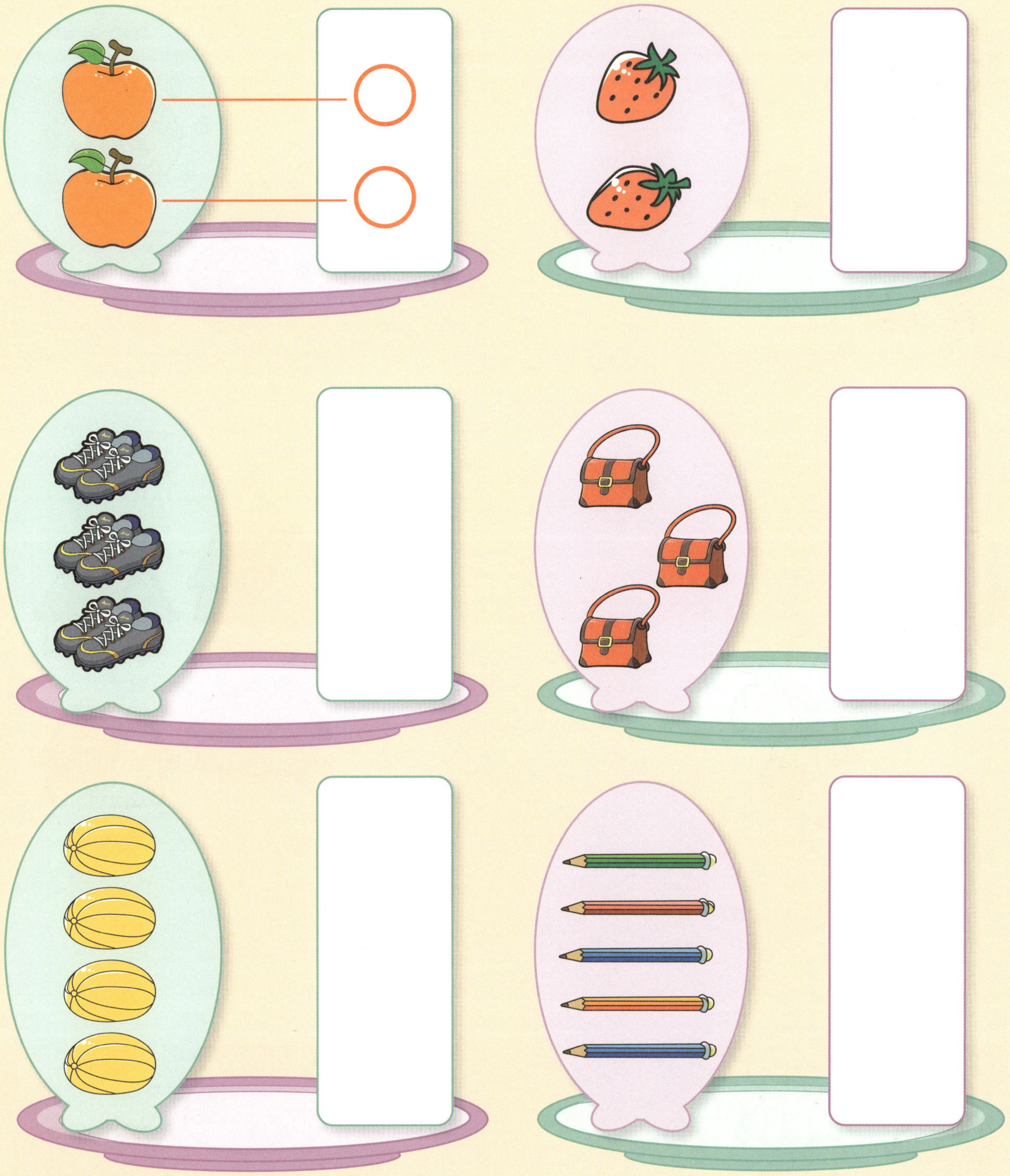

사물의 개수를 셀때 '일, 이…'가 아니라 '하나, 둘…'로 세며, 사물에 따라 세는 단위가 다르다는 것을 지도 합니다.

 그림을 세어보고 개수가 같은 것끼리 선으로 이어보세요.

/표로 지우며, 수를 세어서 숫자를 쓴 다음 선을 똑바로 잇도록 하세요.

3개월에 숫자떼기 ❶ | 짝짓기 | 17

 짝을 지어 보고, 많은 쪽에 ◯ 표 하세요.

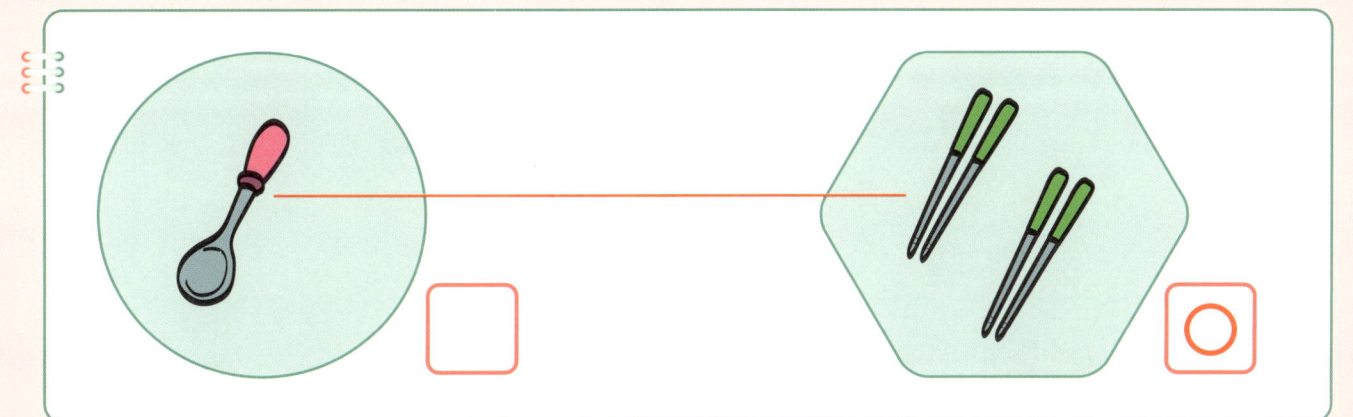

짝짓기를 하여 **남는 쪽이 수가 더 많음**을 지도하여 개수의 개념을 이해하도록 합니다.

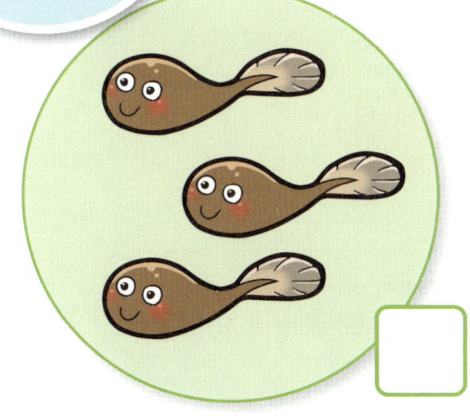

18 짝짓기 3개월에 숫자떼기 ①

 짝을 지어 보고, 적은 쪽에 ◯ 표 하세요.

길잡이
짝짓기를 하여 **모자라는 쪽의 개수가 더 적음**을 지도하여 개수의 개념을 이해 하도록 합니다. 그리고 개수가 모자라는 쪽을 '**더 적다.**'라고 말하도록 합니다.

왼쪽의 그림 수보다 하나 더 **많게** ○ 를 그려 보세요.

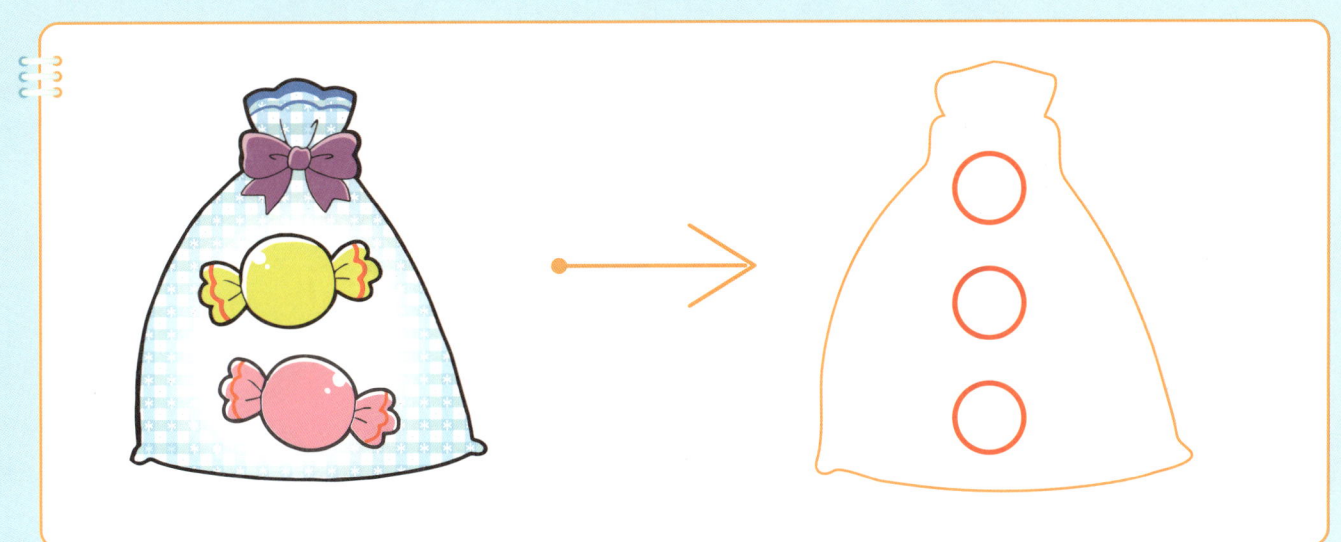

많게는 더해 주는 것이 랍니다.

짝짓기

 왼쪽의 그림 수보다 하나 **적게** ○를 그려 보세요.

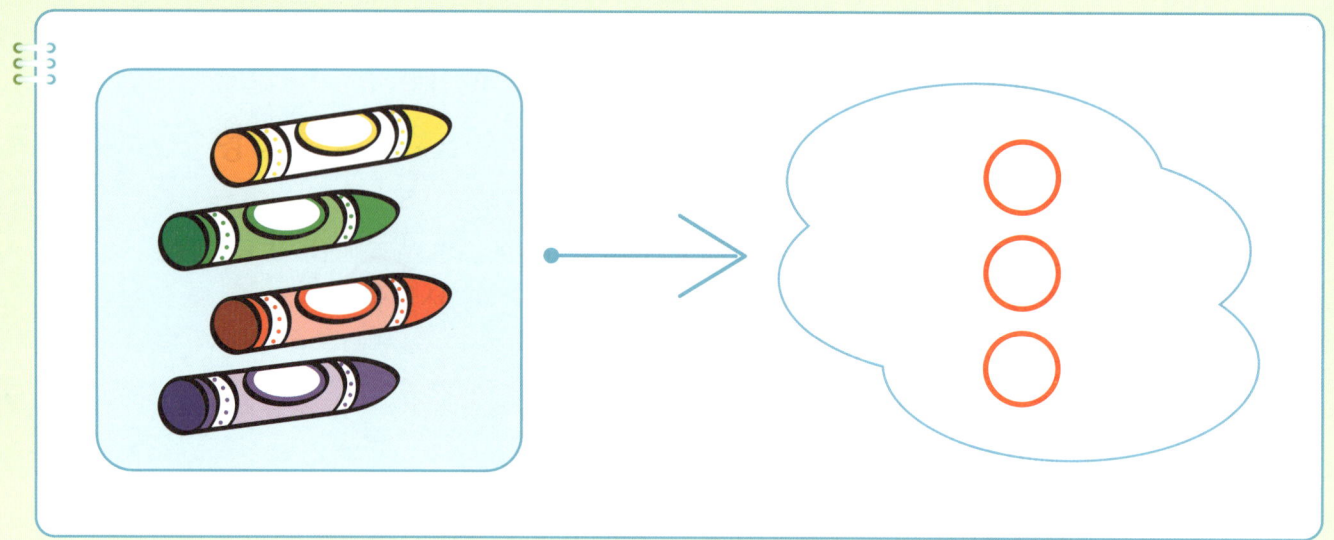

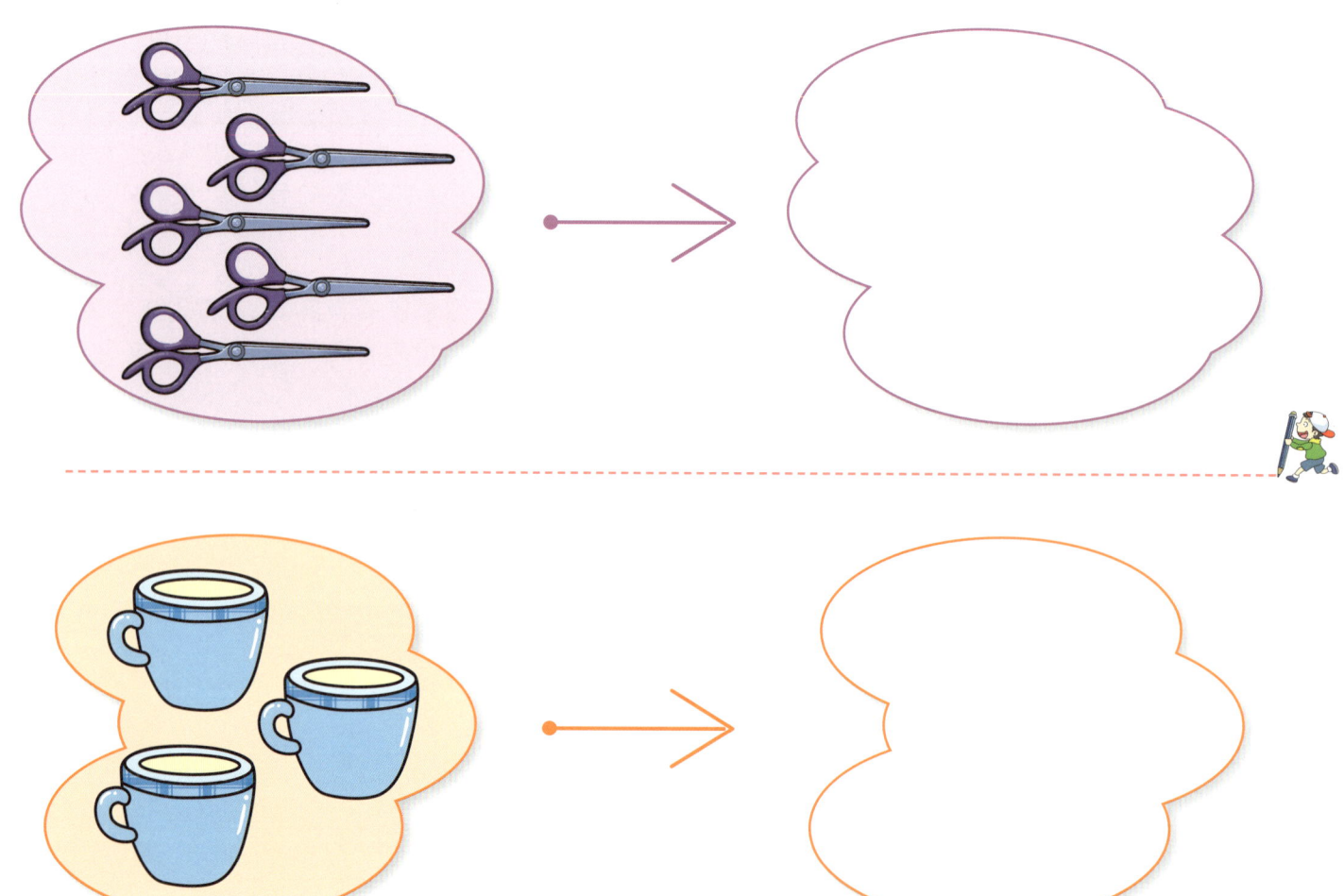

연구하며 공부해요.

3개월에 숫자떼기 ❶ | 탐구활동 | 21

 우리 집에 있는 여러 가지 물건을 비교하여 보세요.

우리 집 거실을 그린다. 텔레비전, 에어컨, 액자, 거울 등 크기를 비교할 수 있는 그림 그리기

 우리 집에 있는 물건 중에서 길이, 높이, 무게, 넓이를 비교 할 수 있는 것을 찾아 비교하여 보세요.

비교해본 물건	비교해본 결과
액자와 거울	거울보다 액자가 더 넓습니다.

※ 비교해 본 내용을 부모님과 이야기하여 보세요.

04 수와 숫자 (1~5까지 수 익히기)

공부한 날: 월 일

 숫자 '1'은 어떤 모양일까요? 숫자 1에 좋아하는 색을 칠하세요.

1~5까지 배우기_1

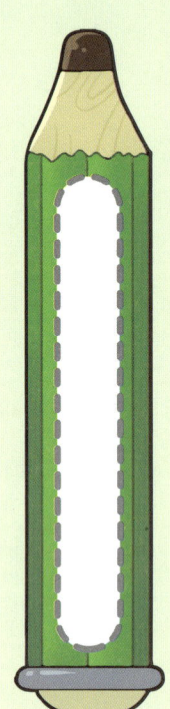

'하나와 1'은 같은 뜻이에요. 큰 소리로 읽으며 써 보세요.

하나 · 일

사물에 따라 송이, 채, 마리 등 **세는 단위가 다르다는** 것을 지도합니다.

숫자 1과 같은 수의 그림을 모두 찾아 선으로 이으세요.

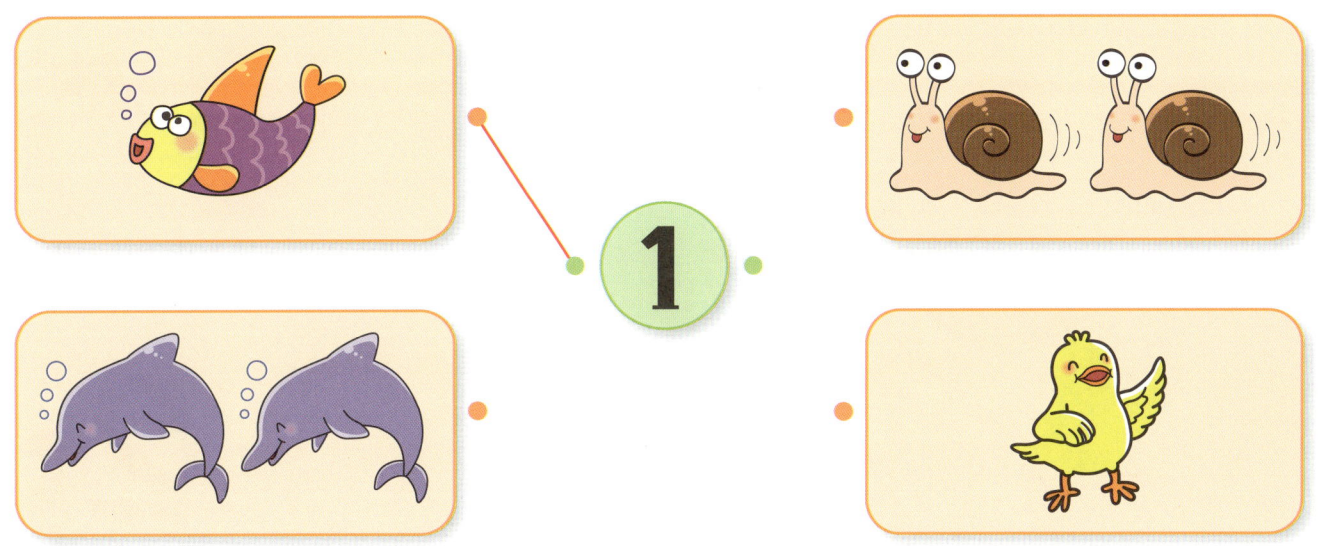

 숫자를 큰 소리로 읽으면서 □ 안에 바르게 써 보세요.

숫자 '2'는 어떤 모양일까요? 숫자 2에 좋아하는 색을 칠하세요.

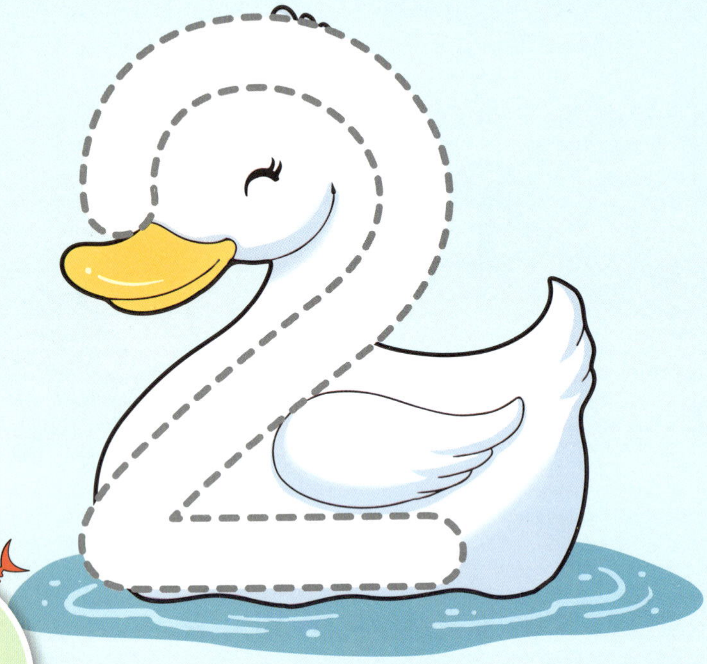

'둘과 2'는 같은 뜻이에요. 큰 소리로 읽으며 써 보세요.

사물에 따라 자루, 그루, 대 등 세는 단위가 다르다는 것을 지도 합니다.

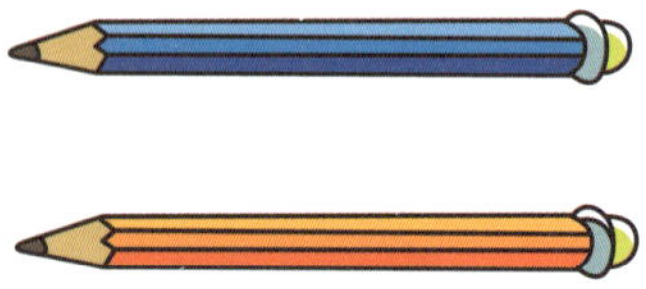

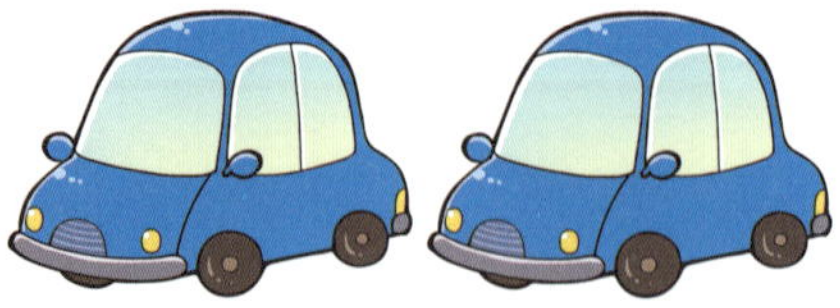

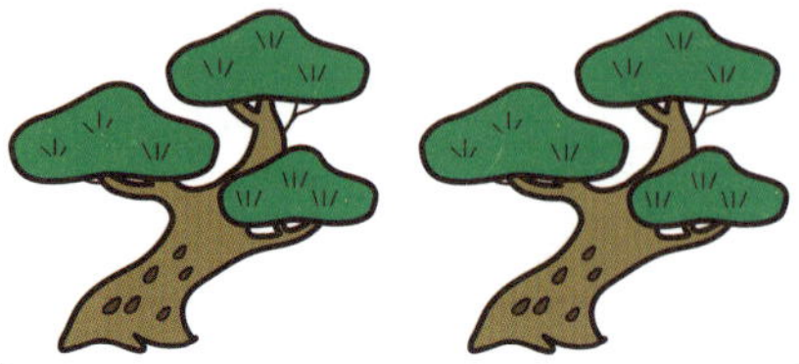

둘 · 이

2 자루

2 그루

2 대

 숫자 2와 같은 수의 그림을 모두 찾아 선으로 이으세요.

 숫자를 큰 소리로 읽으면서 ☐ 안에 바르게 써 보세요.

수 익히기

 숫자 '3'은 어떤 모양일까요? 숫자 3에 좋아하는 색을 칠하세요.

셋 · 삼

사물에 따라 권, 마리, 명 등 **세는 단위가 다르다**는 것을 지도합니다.

숫자 3과 같은 수의 그림을 모두 찾아 선으로 이으세요.

 숫자를 큰 소리로 읽으면서 ☐ 안에 바르게 써 보세요.

숫자 '4'는 어떤 모양일까요? 숫자 4에 좋아하는 색을 칠하세요.

넷 · 사

사물에 따라 송이, 그루, 개 등 **세는 단위가 다르다는** 것을 지도 합니다.

4 송이

4 그루

4 개

 숫자 4와 같은 수의 그림을 모두 찾아 선으로 이으세요.

 숫자를 큰 소리로 읽으면서 □ 안에 바르게 써 보세요.

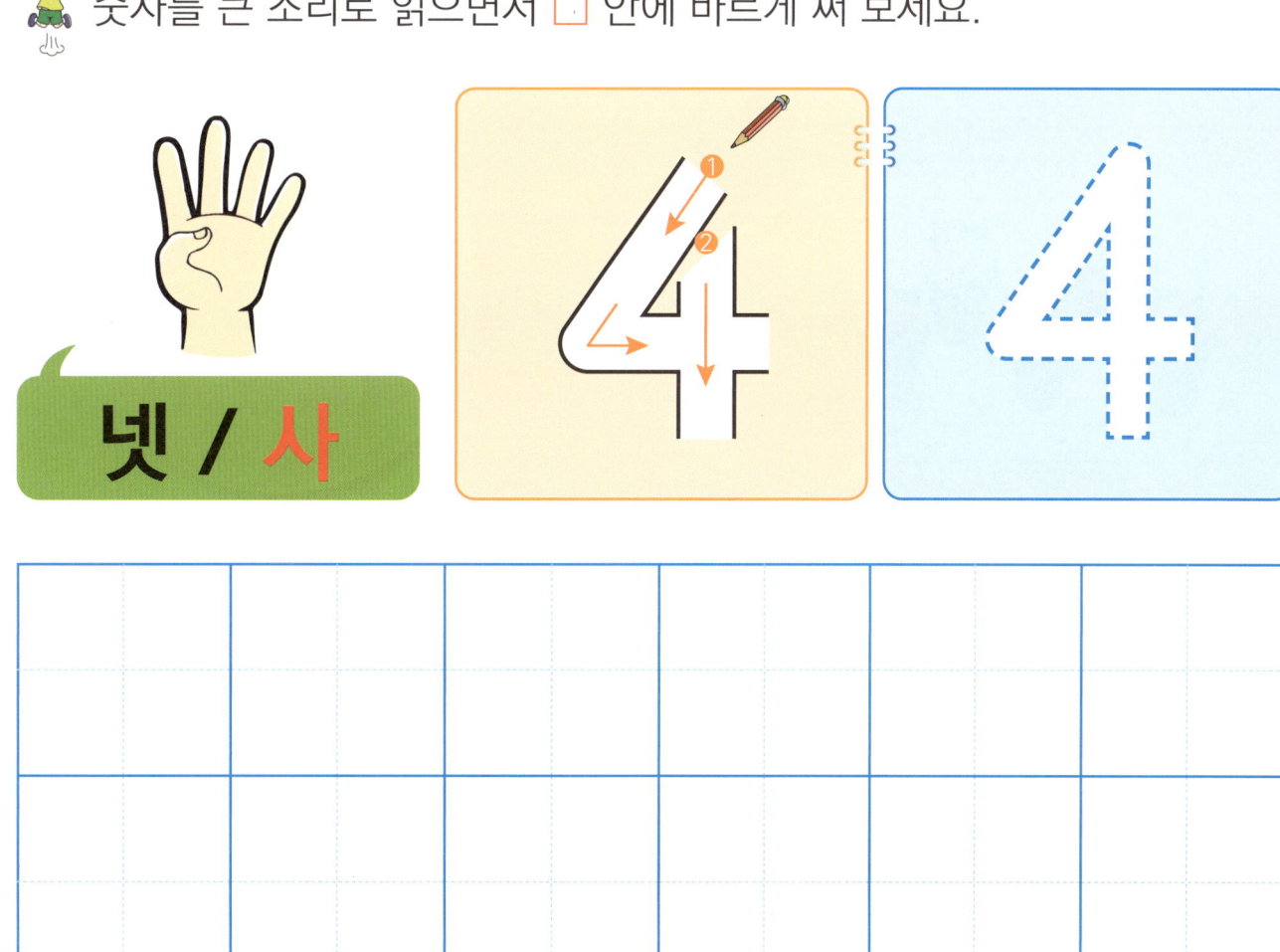

수 익히기

 숫자 '5'는 어떤 모양일까요? 숫자 5에 좋아하는 색을 칠하세요.

다섯 · 오

사물에 따라 개, 송이, 마리 등 **세는 단위가 다르다**는 것을 지도 합니다.

숫자 5와 같은 수의 그림을 모두 찾아 선으로 이으세요.

 숫자를 큰 소리로 읽으면서 □ 안에 바르게 써 보세요.

다섯 / 오

수 익히기

 큰소리로 읽으면서, 숫자를 예쁘게 써 보세요.

1	•	하나	1				
2	••	둘	2				
3	•••	셋	3				
4	••••	넷	4				
5	•••••	다섯	5				

 □안에 들어갈 수를 쓰세요.

2 → 3 → ☐

3 → ☐ → 5

그림을 세어 보고, 같은 수끼리 선으로 이으세요.

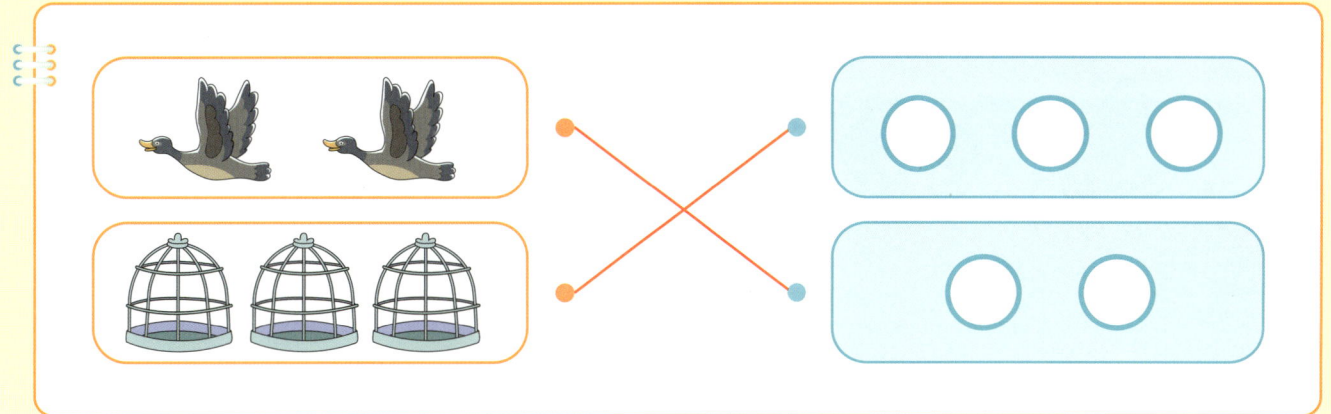

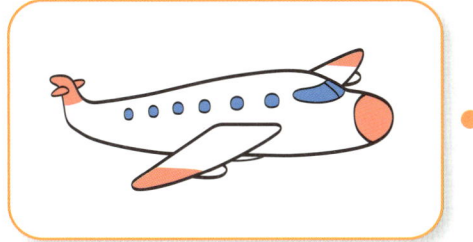   

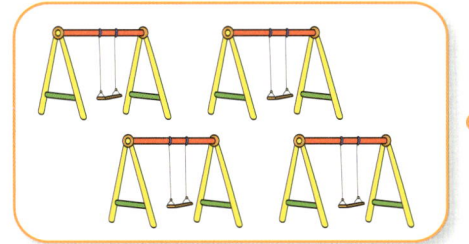   

수 익히기

그림을 세어 보고, 알맞은 숫자를 따라 쓰세요.

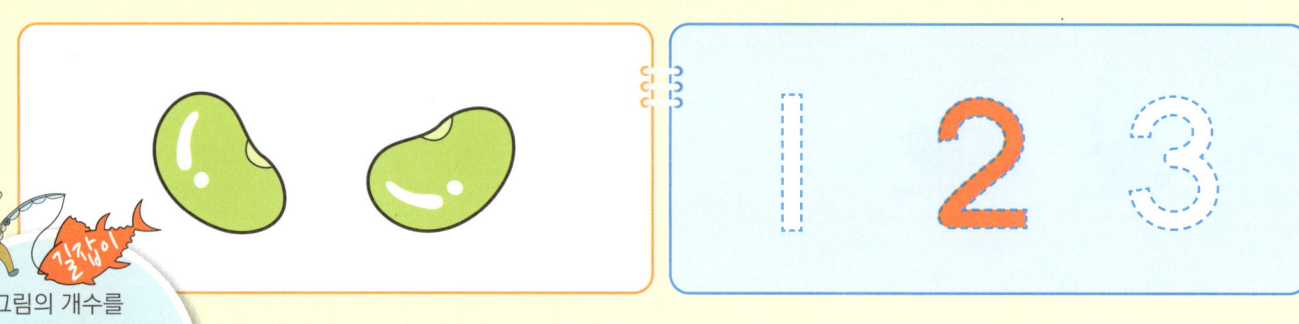

길잡이

그림의 개수를 정확히 세어보고, 알맞은 수를 찾아 점선을 따라 천천히 예쁘게 쓰면서 **숫자의 모양**을 익히도록 합니다.

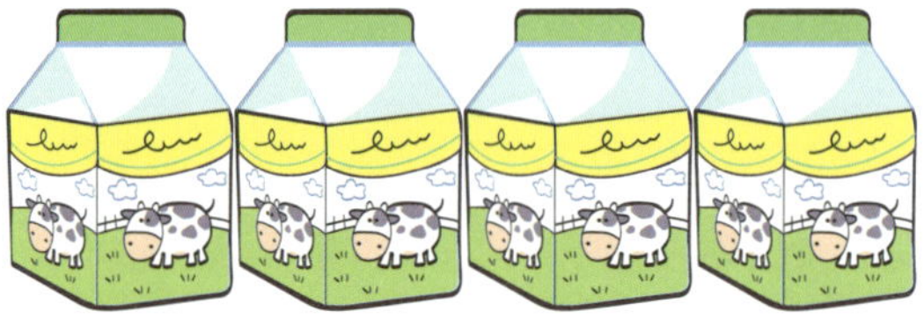

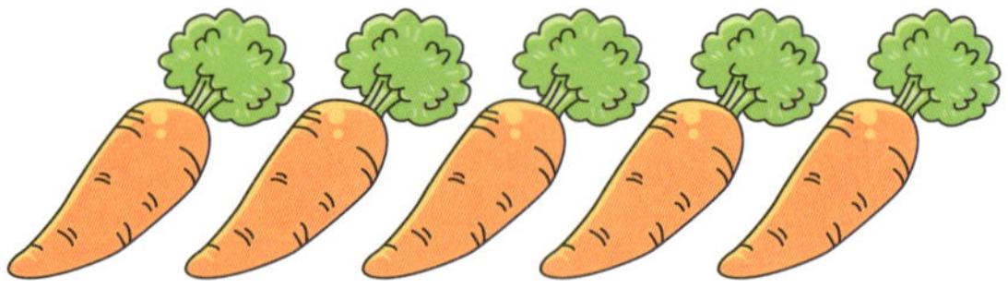

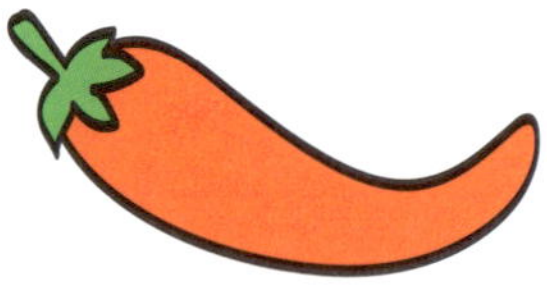

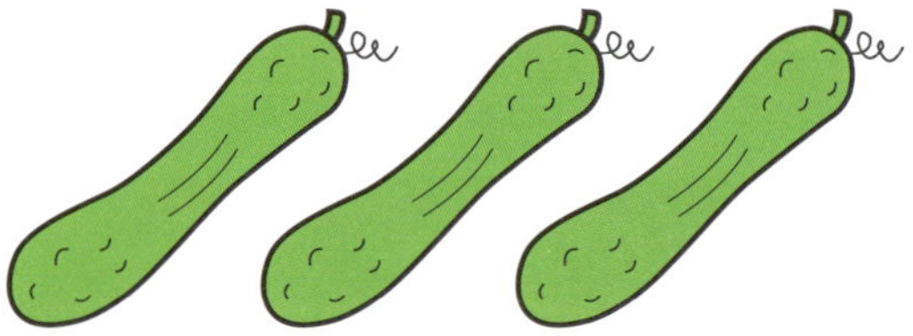

그림을 세어 보고, 같은 수끼리 선으로 이으세요.

5 •　　　•

4 •　　　•

3 •　　　•

 그림에서 그 개수를 셀 때에는 / 표 등을 하면서 중복되거나 빼놓지 않고 세도록 지도 합니다.

 •　　　•

 •　　　•

 •　　　• 4

수 익히기

 개수를 세어 보고, 같은 수끼리 선으로 이으세요.

'하나-일, 둘-이....'
수를 대응할 수 있도록 지도합니다.

 •   •  •   •

 •   •  •   •

 •   •  •   •

 •   •  •   •

 •   •  •   •

동물이 가진 사탕의 수를 쓰세요.

다람쥐는 사탕 ☐ 개

강아지는 사탕  개

고양이는 사탕 개

하마는 사탕  개

오리는 사탕 개

기린은 사탕  개

04 수와 숫자 (6~10까지 수 익히기)

공부한 날 : 　월　　일

 숫자 '6'은 어떤 모양일까요? 숫자 6에 좋아하는 색을 칠하세요.

'여섯과 6'은 같은 뜻이에요. 큰 소리로 읽으며 써 보세요

여섯 · 육

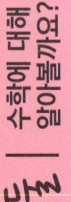

사물에 따라 개, 송이, 척 등 **세는 단위가 다르다**는 것을 지도 합니다.

		6 개
		6 송이
		6 척

숫자 6과 같은 수의 그림을 모두 찾아 선으로 이으세요.

 숫자를 큰 소리로 읽으면서 □ 안에 바르게 써 보세요.

여섯 / 육

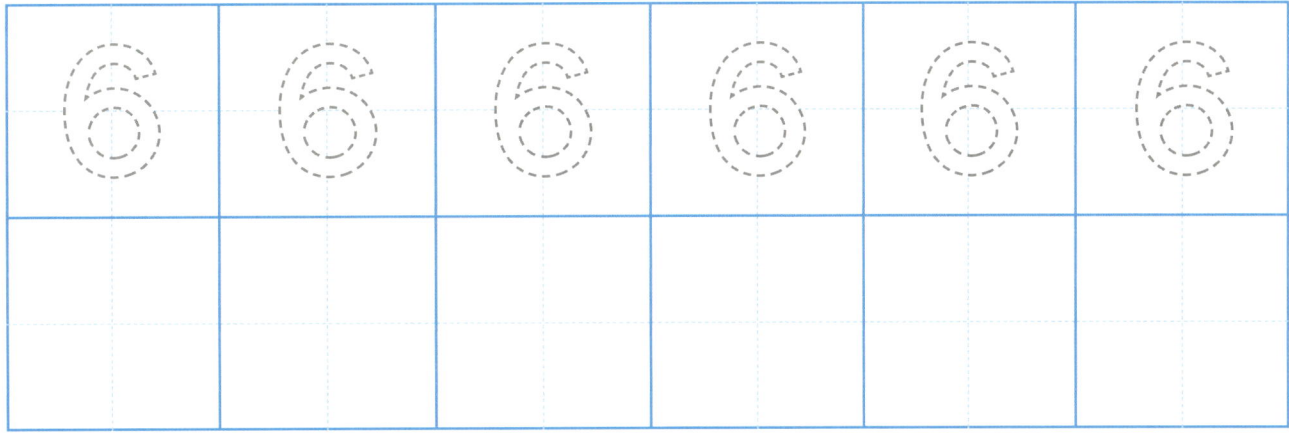

수 익히기

 숫자 '7'은 어떤 모양일까요? 숫자 7에 좋아하는 색을 칠하세요.

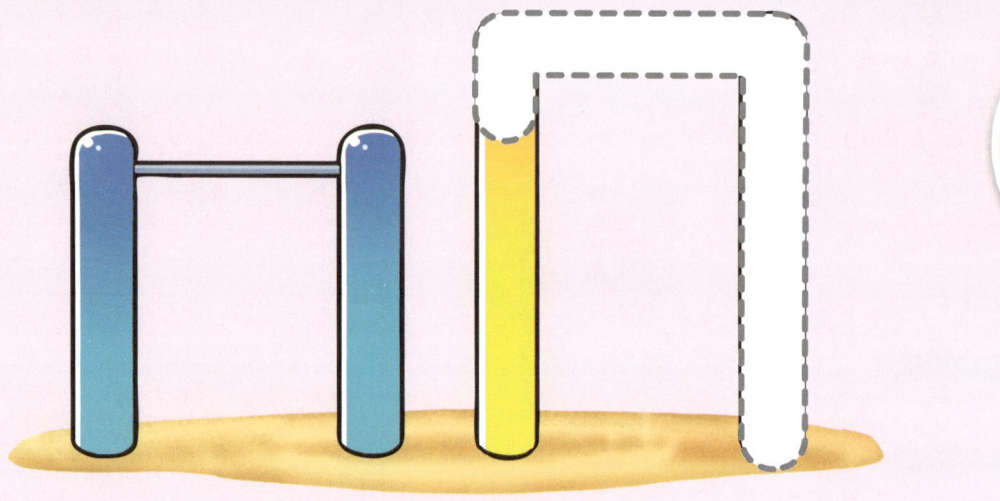

'일곱과 7'은 같은 뜻이에요. 큰 소리로 읽으며 써 보세요

사물에 따라 개, 채, 마리 등 **세는 단위가 다르다는** 것을 지도 합니다.

일곱 · 칠

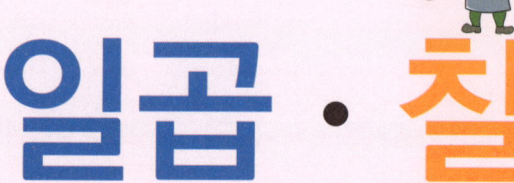

7 개

7 채

7 마리

 숫자 7과 같은 수의 그림을 모두 찾아 선으로 이으세요.

7

 숫자를 큰 소리로 읽으면서 □ 안에 바르게 써 보세요.

일곱 / 칠

 숫자 '8'은 어떤 모양일까요? 숫자 8에 좋아하는 색을 칠하세요.

사물에 따라 포기, 봉지, 개 등 **세는 단위가 다르다**는 것을 지도 합니다.

8
여덟 · 팔

8 포기

8 봉지

8 개

숫자 8과 같은 수의 그림을 모두 찾아 선으로 이으세요.

 숫자를 큰 소리로 읽으면서 □ 안에 바르게 써 보세요.

숫자 '9'는 어떤 모양일까요? 숫자 9에 좋아하는 색을 칠하세요.

사물에 따라 개, 대, 조각 등 **세는 단위가 다르다**는 것을 지도 합니다.

아홉 · 구

숫자 9와 같은 수의 그림을 모두 찾아 선으로 이으세요.

 숫자를 큰 소리로 읽으면서 □ 안에 바르게 써 보세요.

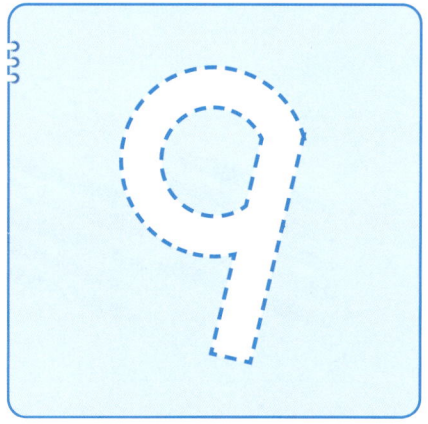

 숫자 '10'은 어떤 모양일까요? 숫자 10에 좋아하는 색을 칠하세요.

사물에 따라 잔, 대, 자루 등 **세는 단위가 다르다**는 것을 지도 합니다.

10
열 · 십

숫자 10과 같은 수의 그림을 모두 찾아 선으로 이으세요.

 숫자를 큰 소리로 읽으면서 □ 안에 바르게 써 보세요.

48 수 익히기 3개월에 숫자떼기 ①

 큰소리로 읽으면서, 숫자를 예쁘게 써 보세요.

 '여섯 육, 일곱 칠'하고 큰소리로 읽으며 쓰게 합니다.

6	●●●●● ●	여섯	6				
7	●●●●● ●●	일곱	7				
8	●●●●● ●●●	여덟	8				
9	●●●●● ●●●●	아홉	9				
10	●●●●● ●●●●●	열	10				

 □ 안에 들어갈 수를 쓰세요.

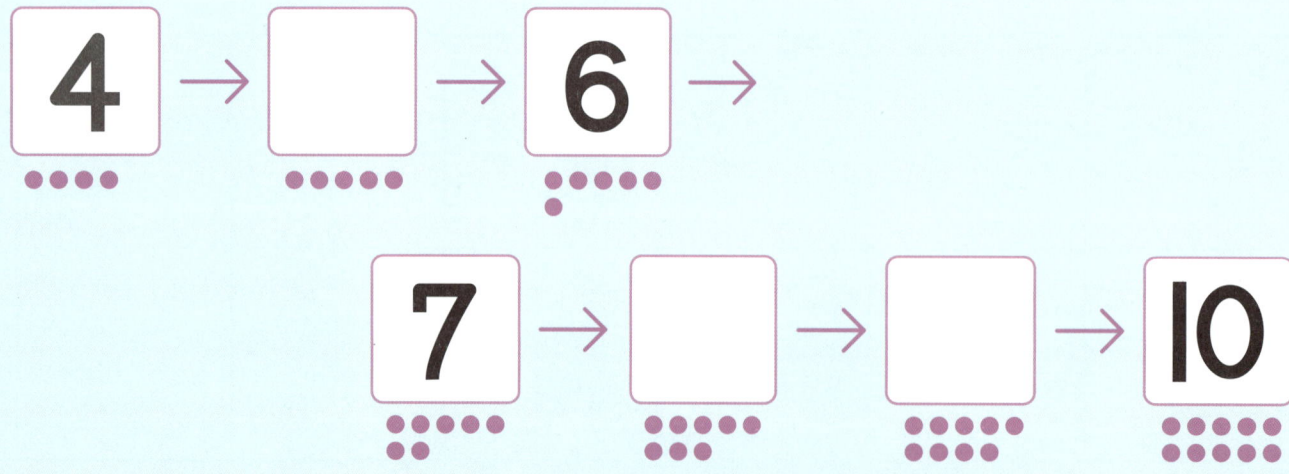

그림을 세어보고 맞는 숫자에 ◯ 표하세요.

그림에 / 표시하며, '하나, 둘~' 하고 큰 소리로 세어 보세요.

6 7 ⑧ 9 10

8 9 10 6 7

6 9 7 8 10

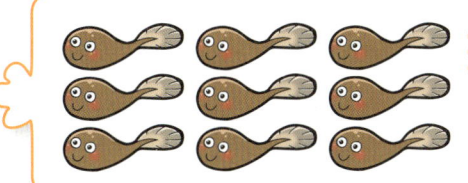
6 9 8 7 10

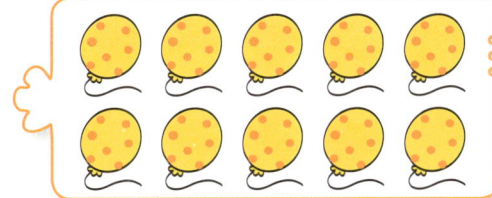
10 7 6 9 8

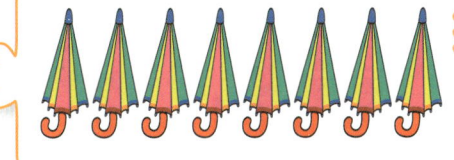
6 7 8 9 10

수 익히기

3개월에 숫자떼기 ①

 그림을 세어보고, 알맞은 숫자를 따라 쓰세요.

그림의 개수를 정확히 세어보고, 알맞은 수를 찾아 점선을 따라 천천히 예쁘게 쓰면서 숫자의 모양을 익히도록 합니다.

수 익히기

 숫자만큼 ○를 그려 넣으세요.

'여섯 6 ~ 열 10'까지, 수의 대응을 이해하게 합니다.

52 수 익히기 3개월에 숫자떼기 ①

 ● 수를 세어 □ 안에 숫자를 쓰고, 수만큼 묶으세요.

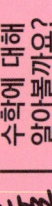

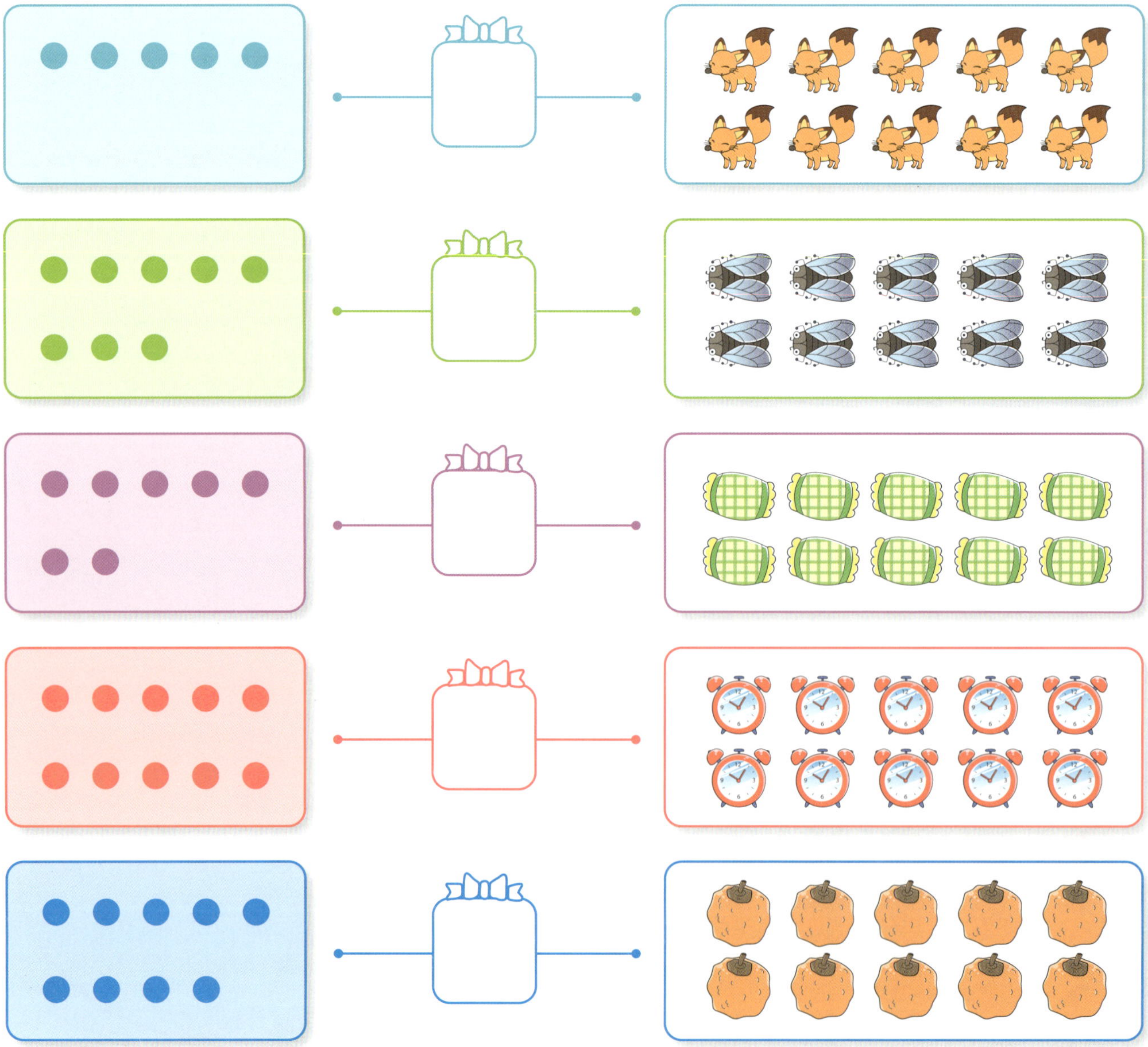

숫자 '0'은 어떤 모양일까요? 숫자 0에 좋아하는 색을 칠하세요.

0은 '아무것도 없다.' 또는 '모두 없어져 남은 것이 없다.'라는 뜻입니다.

영

 숫자 '0'은 위에서부터 왼쪽으로 씁니다.

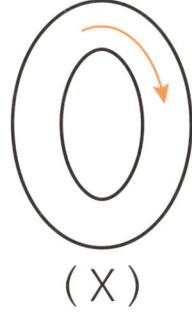 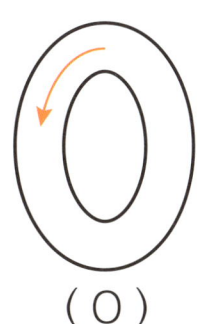 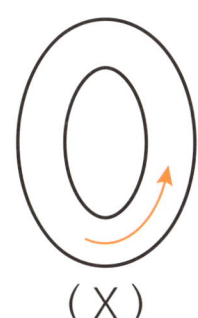
(X)　　　　(O)　　　　(X)

 숫자를 큰 소리로 읽으면서 □ 안에 바르게 써 보세요.

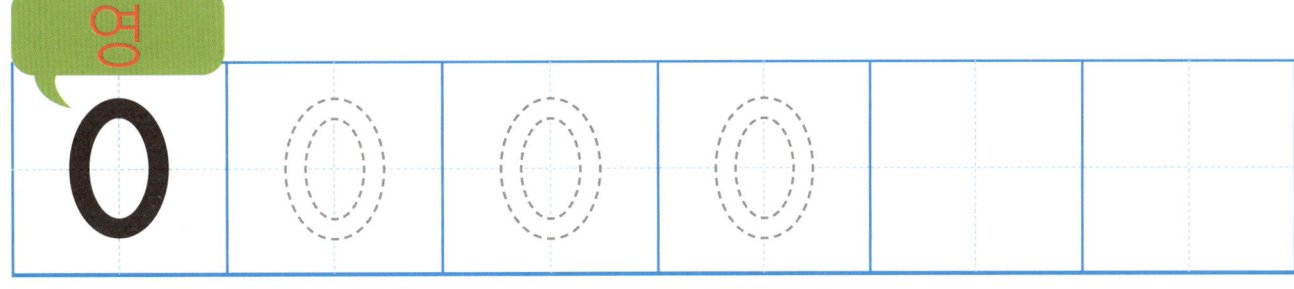

1) 1~10까지 수 익히기

 순서대로 숫자를 써 넣으면서 읽어 보세요.

'일, 이, ~ 십 또, 십, 구, 팔~~일'까지 큰소리로 읽으며 써 보세요.

1	2		4			7			10
1		3		5				9	
1	2				6				10
1				5					10
10	9				6		4		1
10		8				5	4		2
10			7	6				3	1
10	9						4		1

문제를 풀어 보세요.

공부한 날 :   월   일

1 세어 보고, 알맞은 숫자를 □ 안에 쓰세요.

2 왼쪽의 수만큼 ○ 를 그리세요.

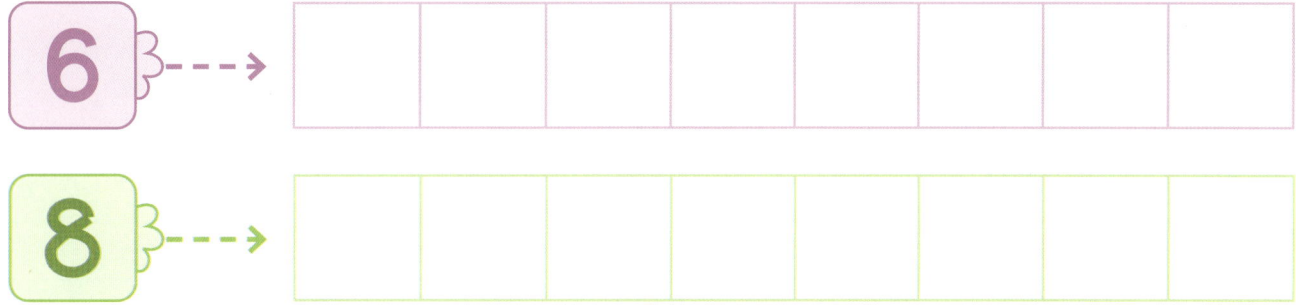

3 숫자를 보고, 보기와 같이 그림을 묶으세요.

4 동물이 가진 과일의 수를 쓰세요.

원숭이는 바나나 ☐ 개

강아지는 딸기 ☐ 개

5 그림을 세어보고, 숫자를 네 번씩 바르게 쓰세요.

다른 그림 찾기

 다음 두 그림은 8곳이 서로 다릅니다. 서로 다른 곳에 ◯ 표하세요

다른그림찾기 정답은 71 페이지에있습니다.

06 수의 순서 (서수-수의차례 익히기)

공부한 날 :   월   일

 동물친구들이 기차를 타고 여행을 가고 있어요.

 동물친구들이 몇 호에 타고 있나요?

시작 전에 '1-첫째, 2-둘째 ~~' 등 서수를 알게 합니다.

모든 수에는 뒤의 수와 앞의 수가 있음을 알게 하고, 빈칸에 쓸 수 있도록 지도 합니다.

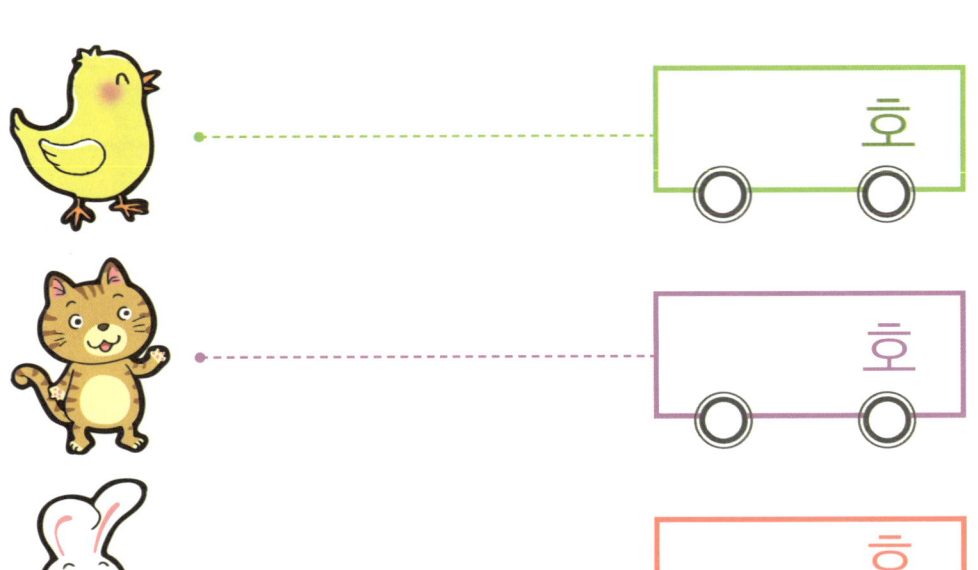

 □ 안에 알맞은 수를 쓰세요.

| 2 | 3 | | | 6 | | 8 |

순서 익히기

친구들이 달리기를 하고 있어요.

> 순서를 셀 때는 '첫째, 둘째, 셋째' 하고 큰소리로 읽으며 익히게 합니다.

친구들이 달리기를 하고 있어요.

- 진성이는 몇째입니까?
- 정윤이는 몇째입니까?
- 첫째는 누구입니까?

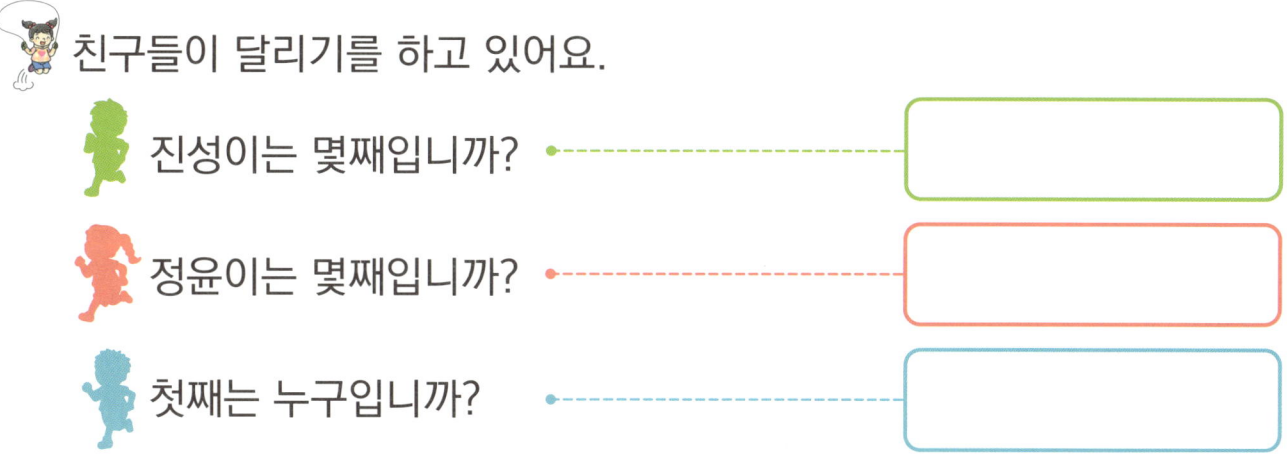

순서에 맞게 선으로 이으세요.

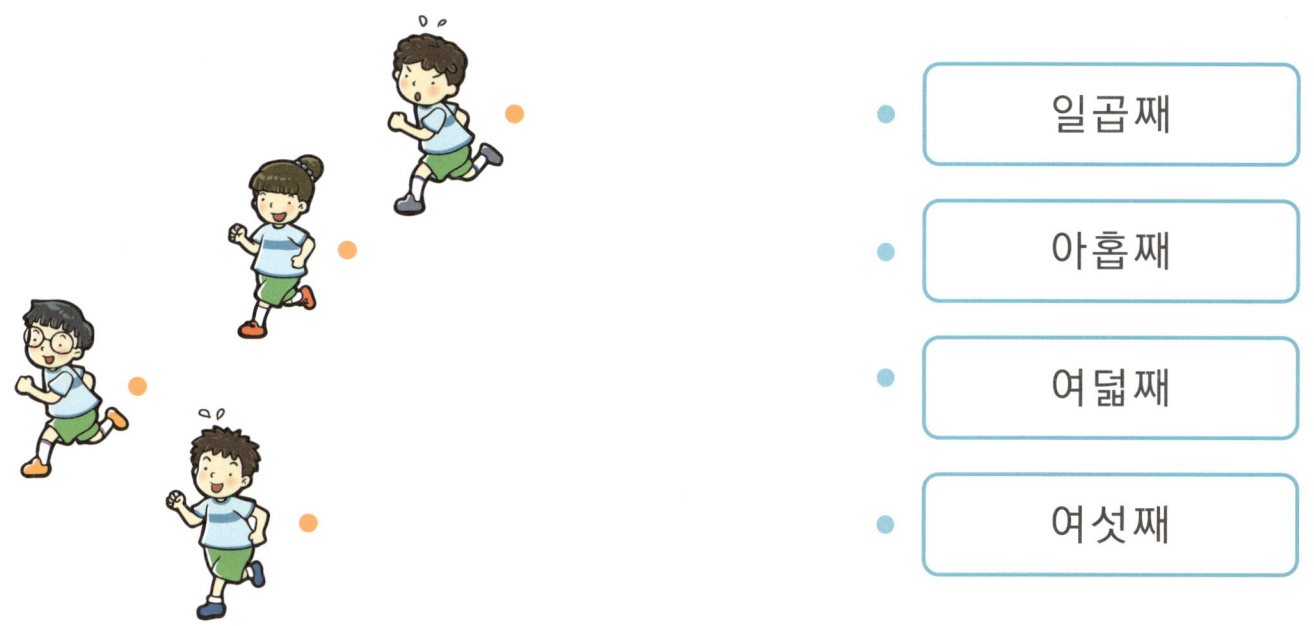

- 일곱째
- 아홉째
- 여덟째
- 여섯째

 수의 차례대로 빈 곳에 빠진 숫자를 쓰세요.

 왼쪽의 순서에 맞게 ○ 와 □ 에 색칠하세요.

'다섯째'는 '다섯개'를 색칠하는게 아니라 '다섯 번째'에만 색을 칠해야 해요.

07 수의 크기 비교 (수와 숫자의 대응 이해)

공부한 날 : 월 일

 수를 비교해 보고, 큰 수에 ○ 표하세요

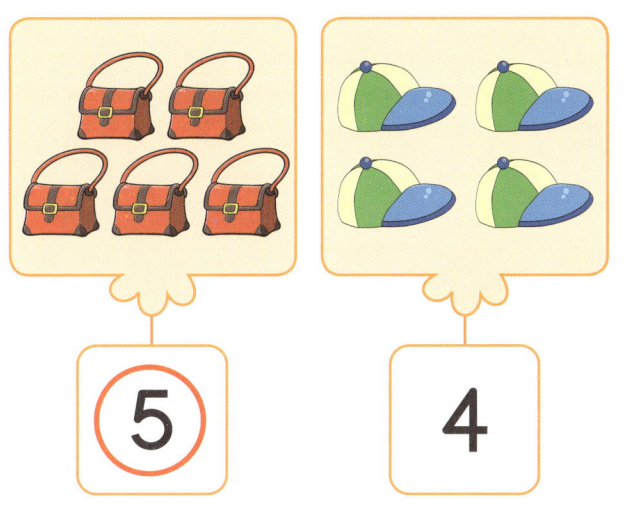

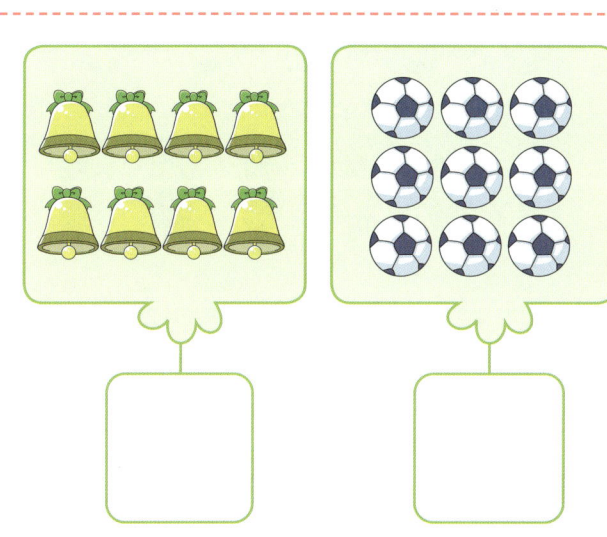

 수를 비교해 보고, 큰 수에 ○ 표하세요.

 수를 세어 알맞은 수를 쓰고 작은 수에 ○ 표 하세요.

 작은 수에 ○표 하세요.

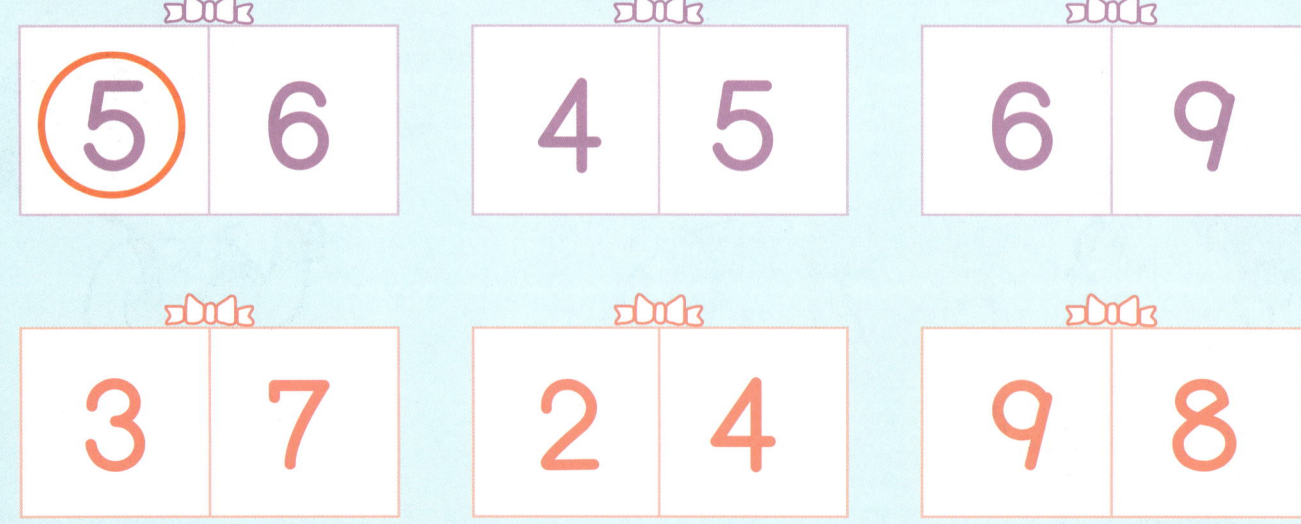

왼쪽의 수만큼 ○를 그리고, 두수의 크기를 비교하여 보세요.

- 7은 9보다 작습니다.
- 9는 7보다 큽니다.

 그림의 수를 세어 알맞은 수를 쓰고, 수만큼 ○를 그려 두수의 크기를 비교하여 보세요.

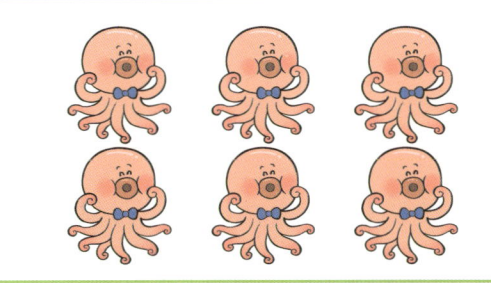 

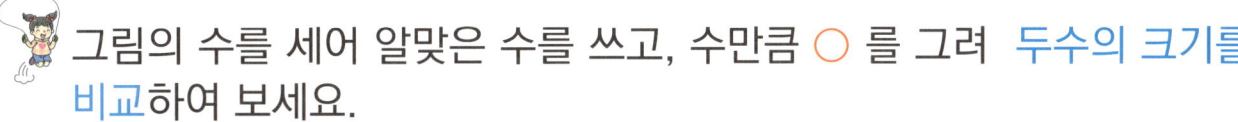

- 6은 8보다 (작습니다, 큽니다).
- 8은 6보다 (작습니다, 큽니다).

 왼쪽의 그림보다 **하나 더 많게** 색칠하세요.

 왼쪽의 그림보다 **하나 더 적게** 색칠하세요.

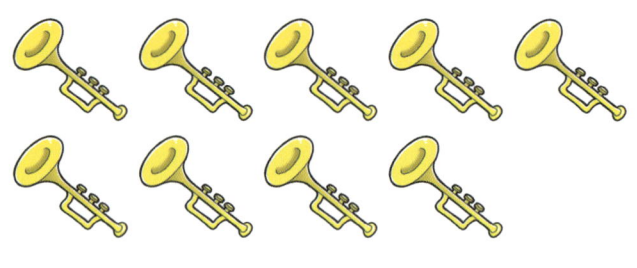 

 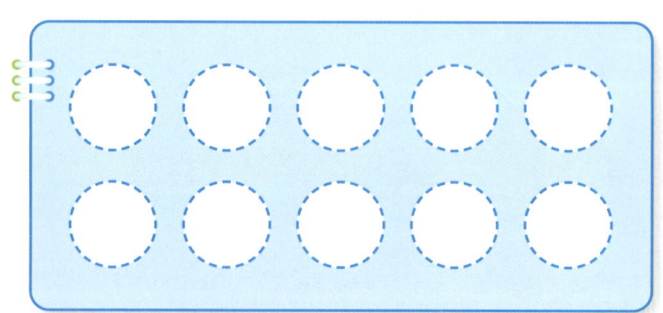

 □ 안에 알맞은 수를 쓰세요.

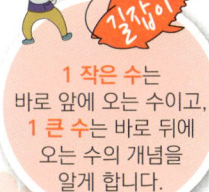

1 작은 수는 바로 앞에 오는 수이고, 1 큰 수는 바로 뒤에 오는 수의 개념을 알게 합니다.

 왼쪽의 수만큼 ○ 를 그리고, 두수의 크기를 비교하여 보세요.

- 7은 6보다 1 (큰 수, 작은 수)입니다.
- 6은 7보다 1 (큰 수, 작은 수)입니다.

 수를 세어 □ 안에 쓰고, 점선 따라 >, <, = 를 그리세요.

'크다, 작다, 같다'의 의미를 알게 합니다.

- 5는 4보다 큽니다.

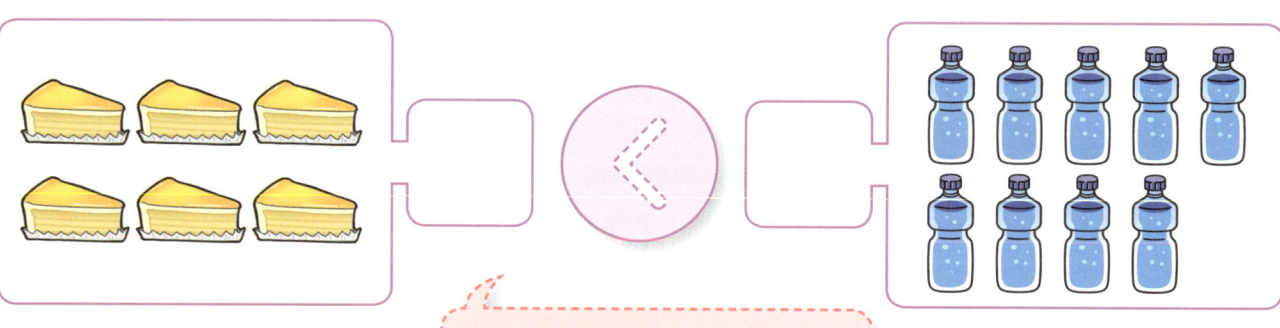

- 6은 9보다 작습니다.

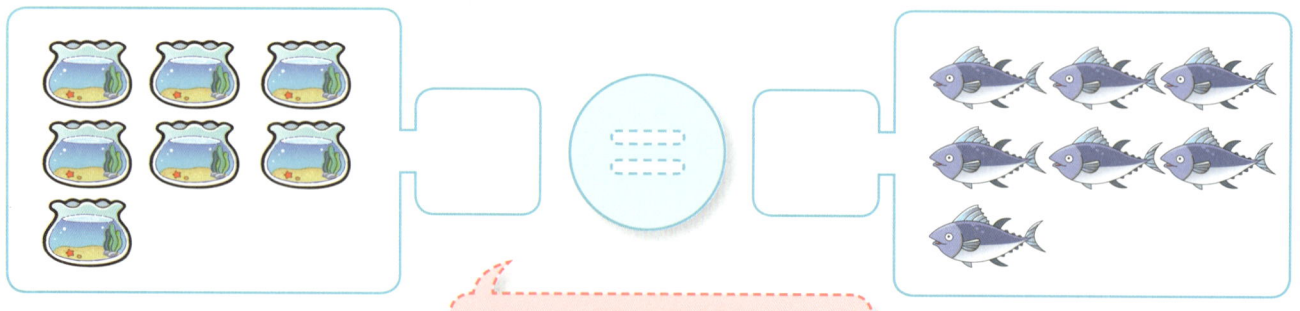

- 7은 7과 똑같습니다.

 배고픈 악어가 물고기를 잡아먹으려고 하는데, 많은 쪽을 향해 입을 벌리고 있는 모양이라고 설명하면 좀 더 이해가 쉽습니다.

두수를 비교하여 ◯ 안에 >, <, = 를 그리세요.

1 관계있는 것끼리 선으로 이으세요.

| 셋째 | 다섯째 | 둘째 | 첫째 | 넷째 |

2 왼쪽의 순서에 맞게 ○ 에 색칠하세요.

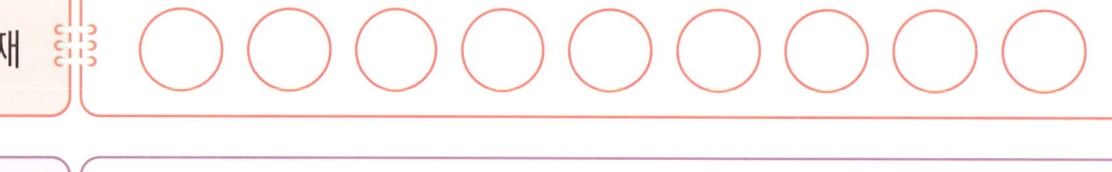

3 가장 작은 수에 ○ 표하세요.

4 왼쪽의 수보다 하나 더 많게 ○ 를 그리세요.

5 두수의 크기를 비교하여 보세요.

- 7은 9보다 (큽니다, 작습니다).
- 9는 7보다 (큽니다, 작습니다).

6 □ 안에 알맞은 수를 쓰세요.

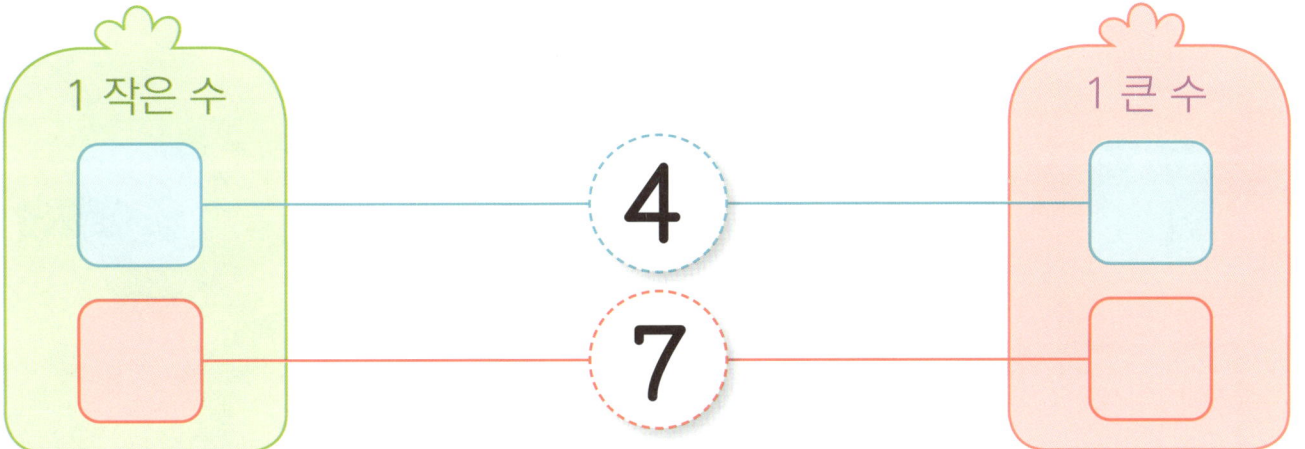

7 □ 안에 알맞은 수를 쓰세요.

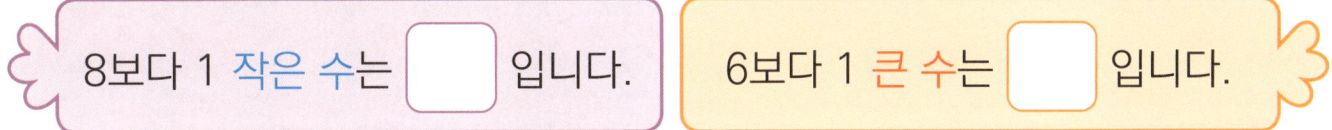

8보다 1 작은 수는 □ 입니다.   6보다 1 큰 수는 □ 입니다.

8 더 큰 수 쪽으로 입이 벌어지도록 >, < 를 알맞게 그리세요.

탐구활동 — 연구하며 공부해요.

민서가 친구의 생일잔치에 초대받아 가려고 해요.
친구 집에 잘 갈 수 있도록 길을 찾아 주세요.

08 수 가르기와 모으기 (덧·뺄셈의 개념이해)

공부한 날 :   월   일

🗨️ 바구니 안에 귤과 바나나가 들어 있어요. 귤과 바나나를 나누어 접시에 담고, 과일의 수를 쓰세요.

'가르기는 빼기', '모으기는 더하기'임을 알게 합니다.

같은 수를 여러 가지로 나눌 수 있음을 지도합니다.

🗨️ 유리병 속에 들어있는 구슬을 같은 색 끼리 나누어 보세요.

57 페이지
다른그림찾기 정답

수 가르기

 그림을 잘 보고, 갈라진 수를 ◯ 안에 쓰세요.

두 수를 모아 빈칸에 알맞은 수를 쓰세요.

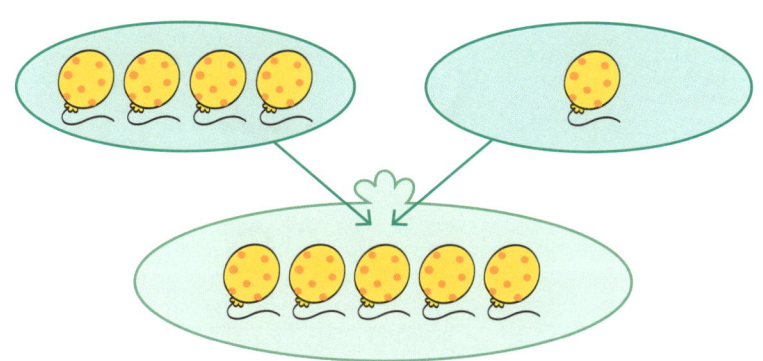 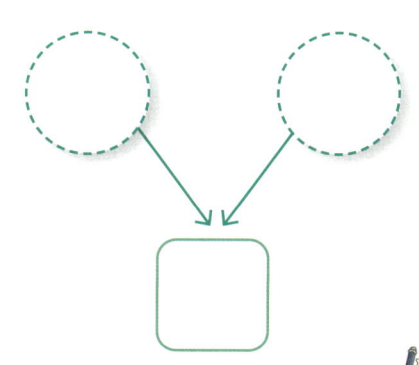

 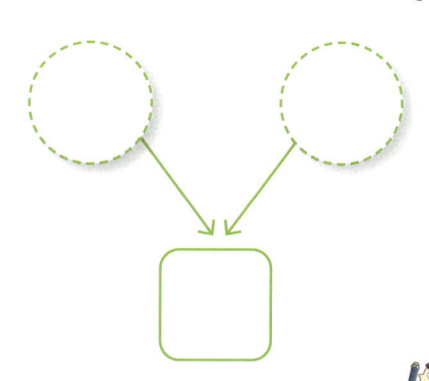

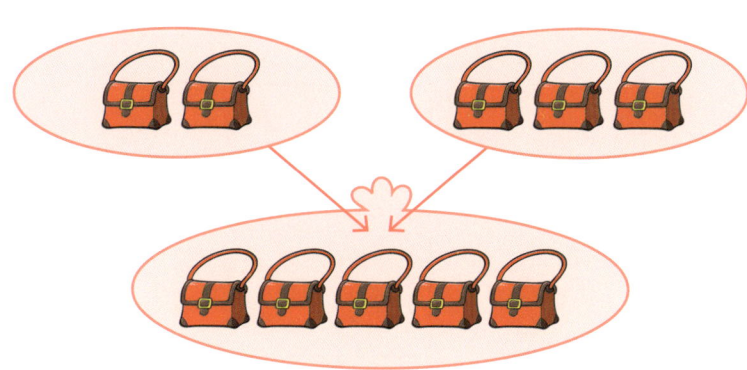 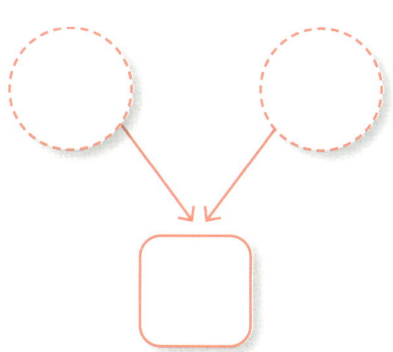

수 가르기

 전체의 수를 세어 ○ 안에 쓰고, 갈라진 수에 ○ 표하세요

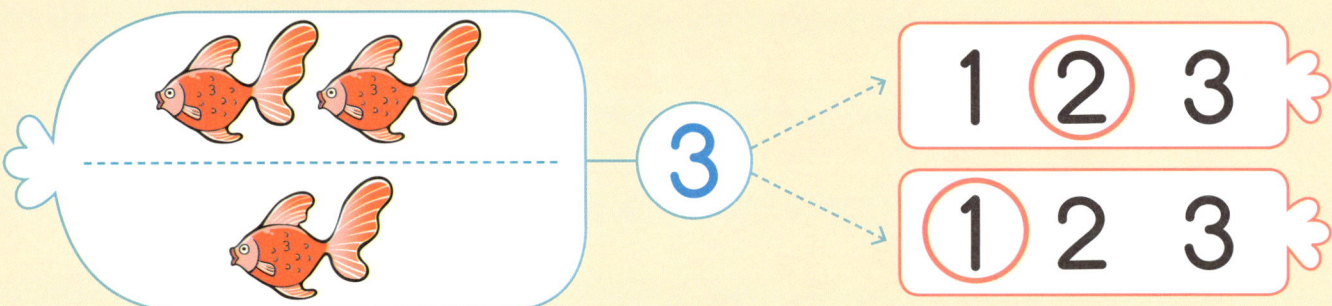

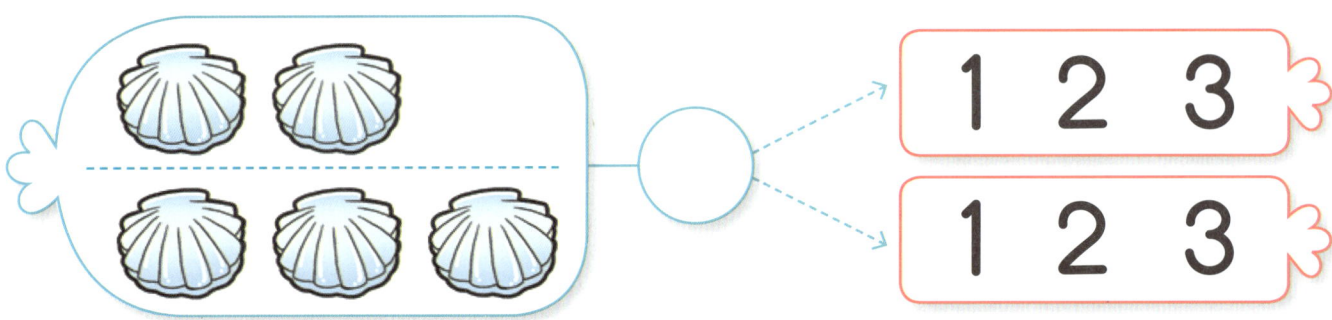

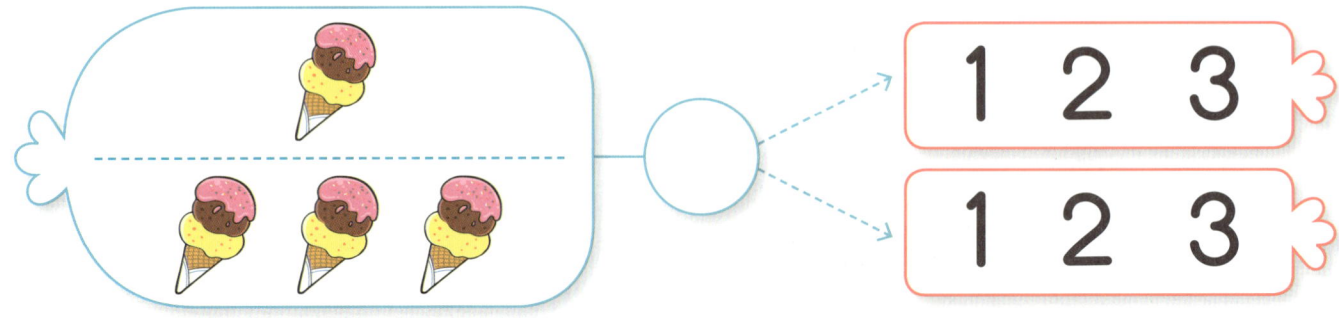

두 수를 모아 빈칸에 알맞은 수를 쓰세요.

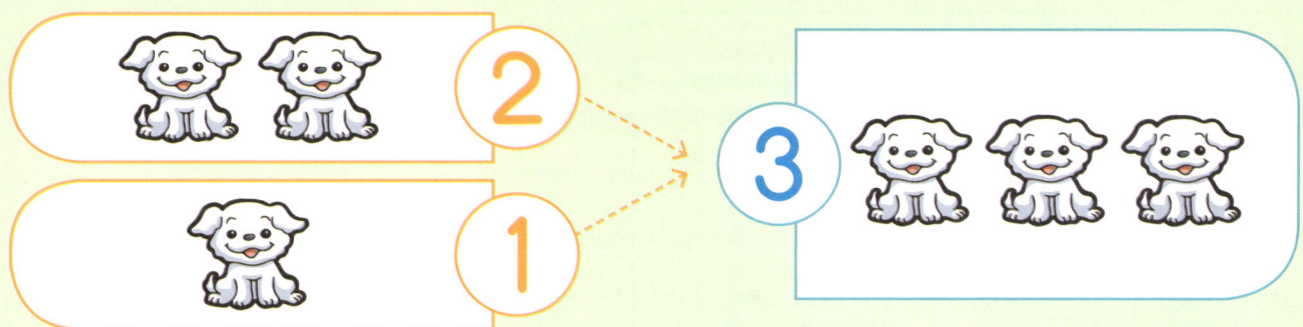

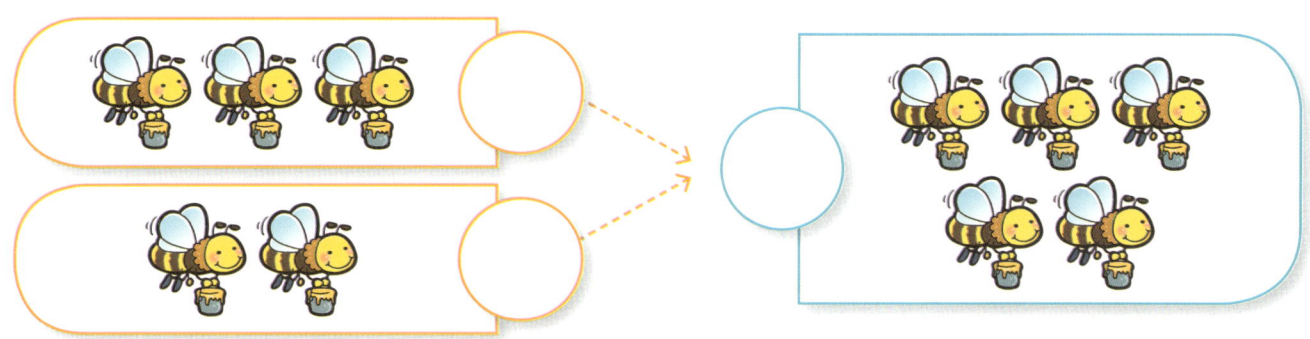

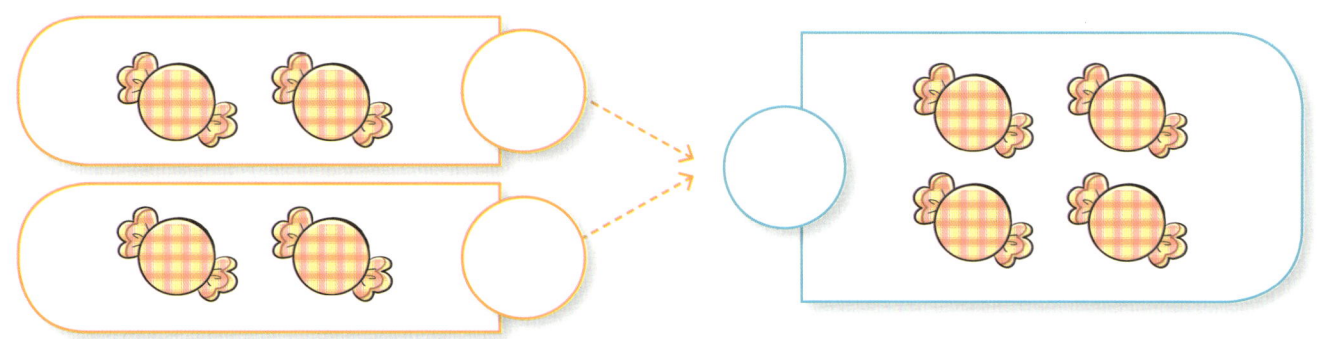

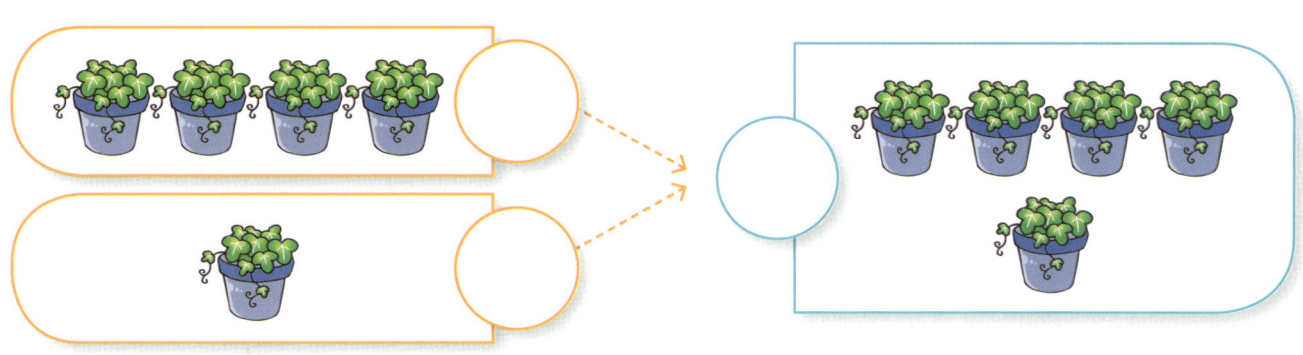

수 가르기

 그림을 보고 알맞은 수를 쓰세요.

'가르기는 빼기'
'모으기는 더하기'임을
알게 합니다.

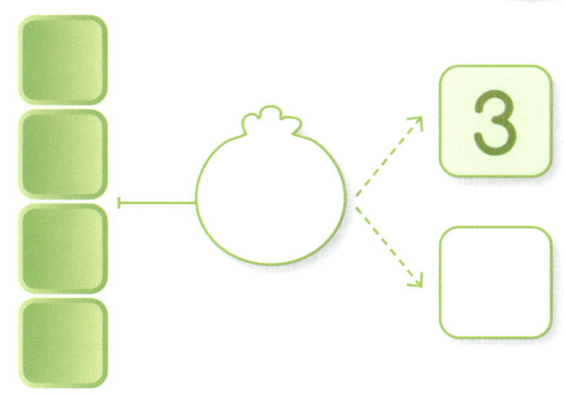
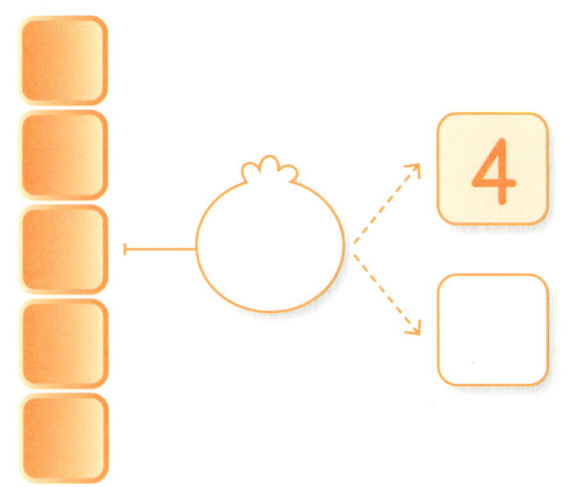
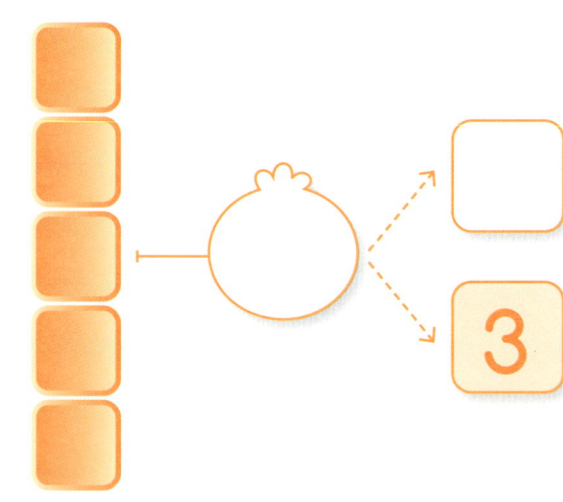
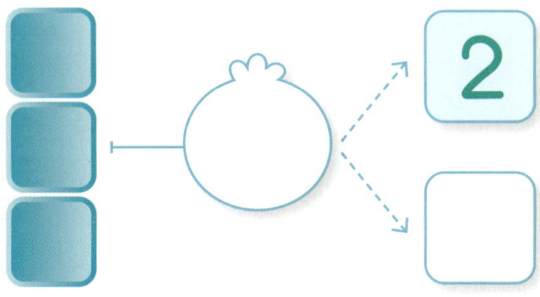
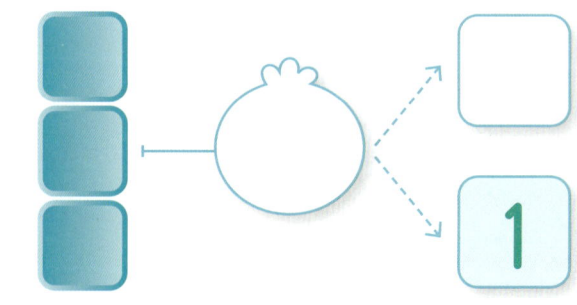

모은 수만큼 ◯ 를 그리고, ◯ 과 ☐ 안에 알맞은 수를 쓰세요.

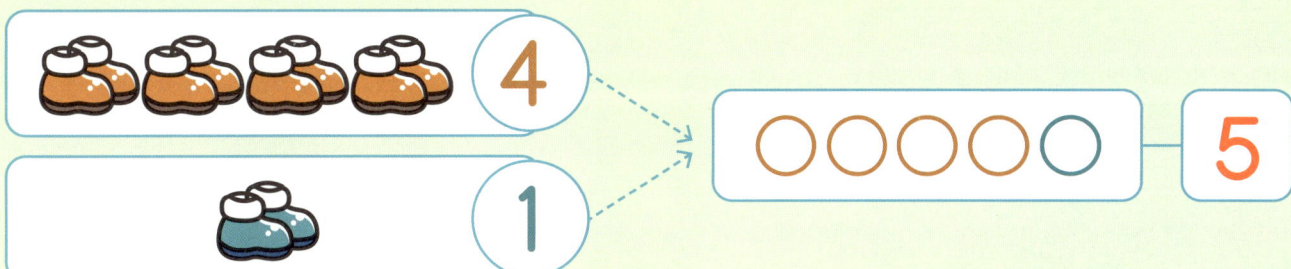

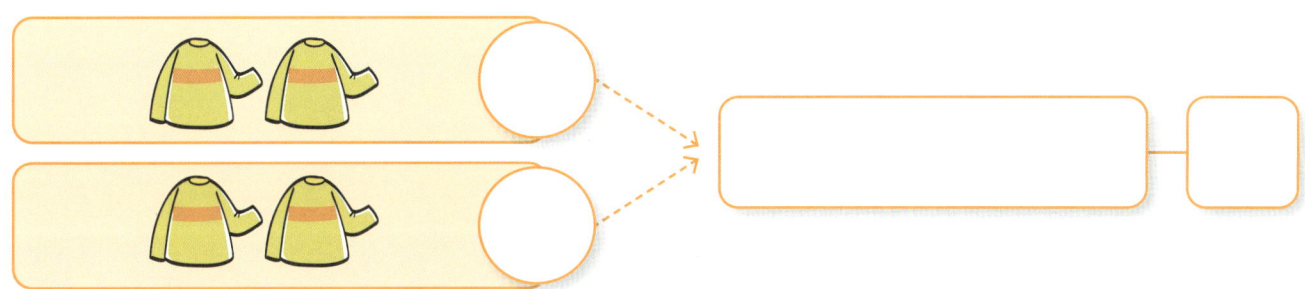

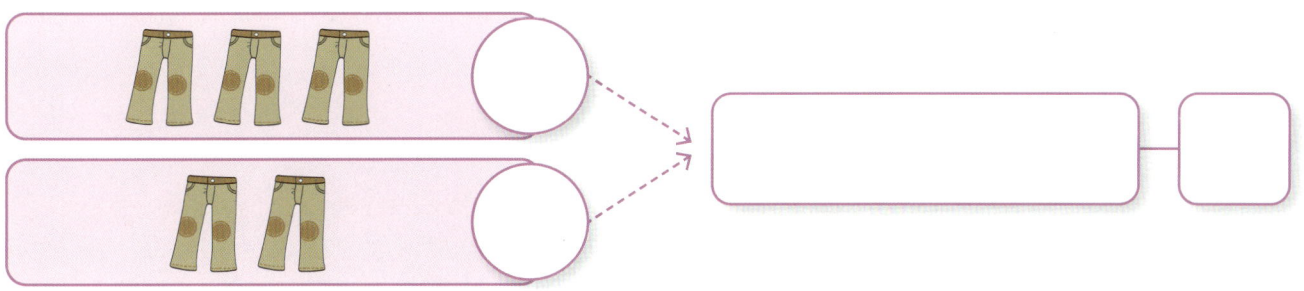

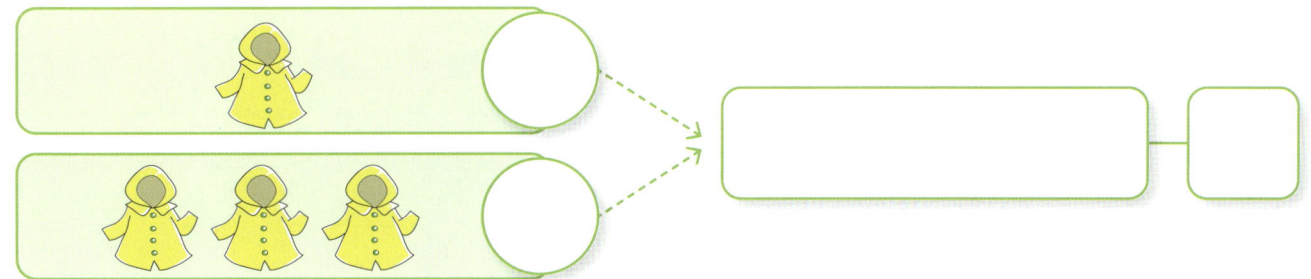

수 모으기

 두 수를 모아 보세요.

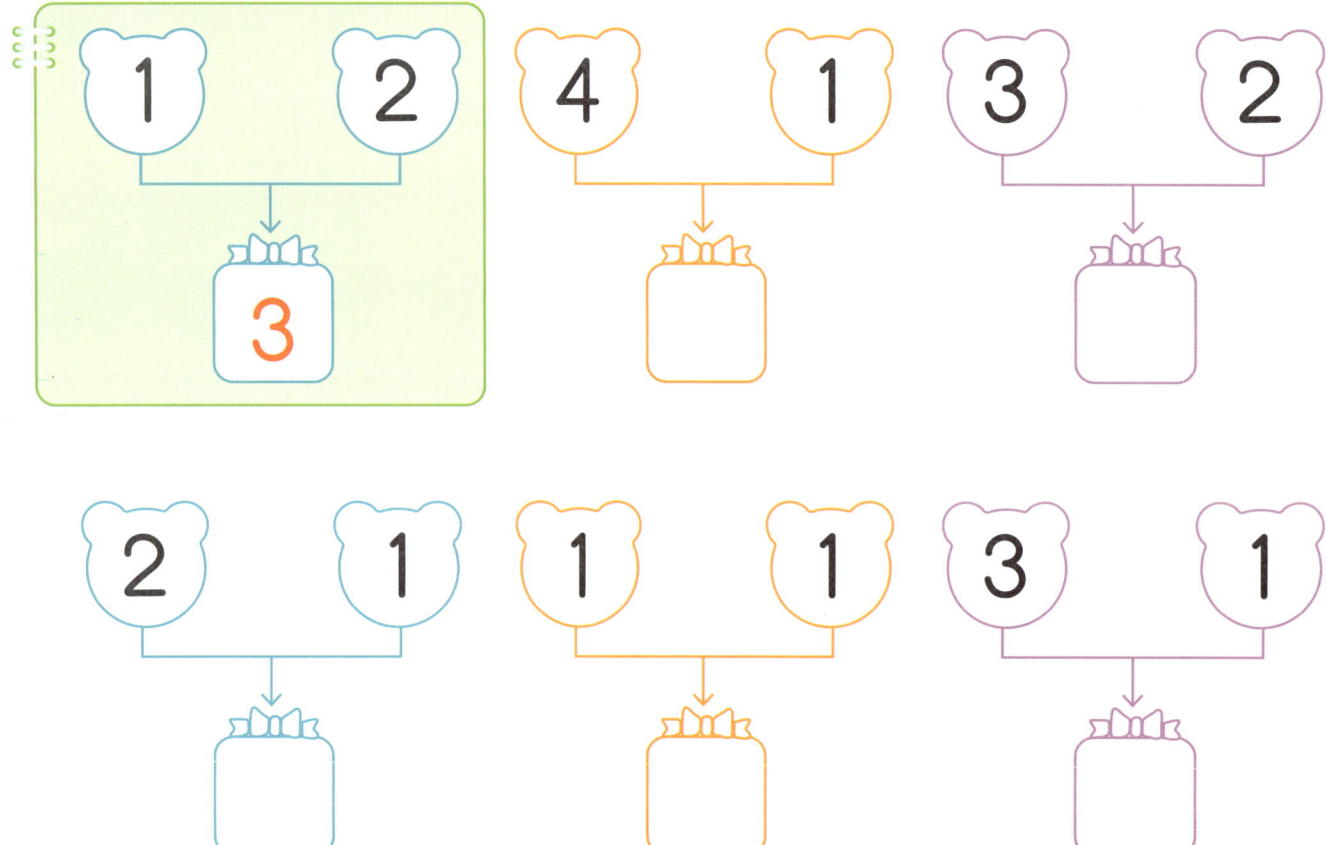

 두 수를 갈라 □ 안에 알맞은 수를 쓰세요.

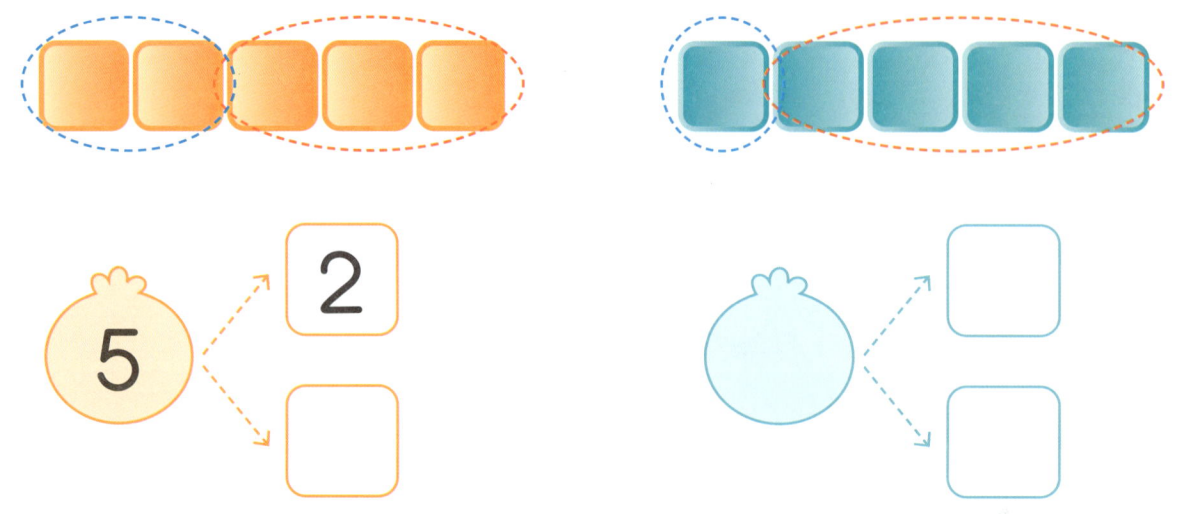

다음 수들을 큰 소리로 읽으며 써 보세요. 오른쪽으로 갈수록 수가 커져요.
(더하기는 수가 올라가는 거예요.)

0	1	2	3	4	5	6	7	8	9	10

 큰 소리로 읽으며 '0에서 10까지, 10에서 0'까지 쓰기 지도 하세요.

 다음 수들을 큰 소리로 읽으며 써 보세요. 오른쪽으로 갈수록 수가 작아져요.
(빼기는 수가 내려가는 거예요.)

10	9	8	7	6	5	4	3	2	1	0

무엇이 그려질까요. 1부터 차례로 점을 이어 보세요.

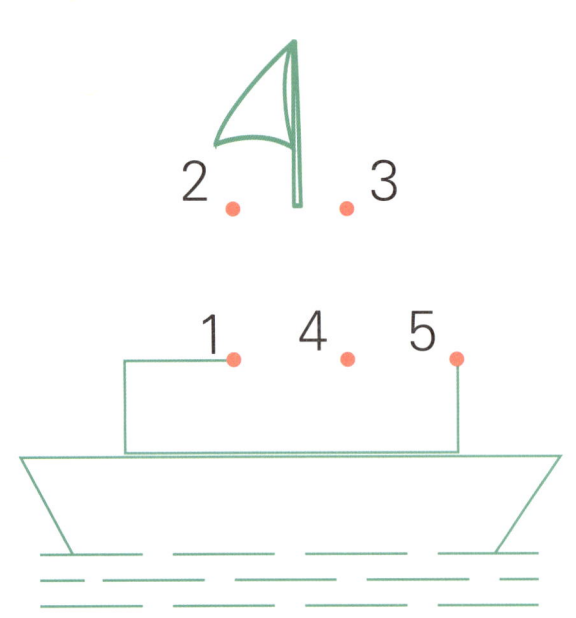
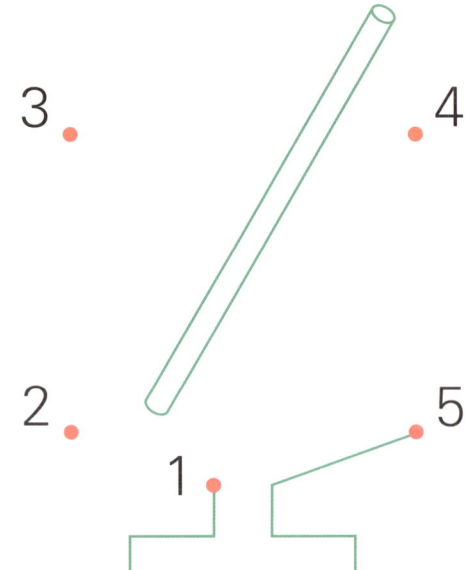
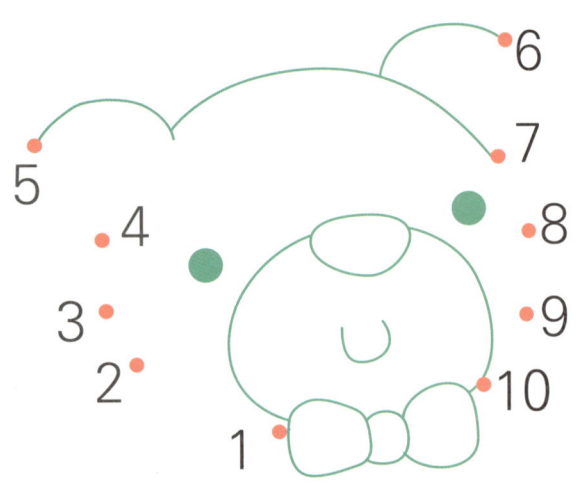
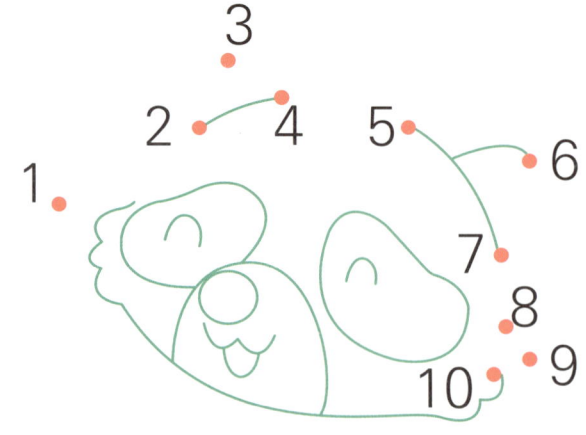

 '+'는 더하기 표시이고, '**더하기**'라고 읽고, 더하면 수가 커져요. 두수를 더하여 2가 되도록 해야 해요. 2는 0과 만나야 2가 되고 1은 1과 만나야 2가 돼요.

1) 5이하 보수의 이해

 다음 주어진 수와 더해서 **2**가 되도록 알맞는 수를 써 넣으세요.

2 만들기	2	0	1	0	2	1	2
	0	2	1				
	0	1	2	1	0	2	1
	1	2	0	2	1	0	2

 □ 안에 알맞은 수를 쓰세요.

2 + □ = 2

0 + □ = 2

□ + 1 = 2

□ + 2 = 2

$\dfrac{0}{+\ \boxed{}}$
$\overline{2}$

$\dfrac{1}{+\ \boxed{}}$
$\overline{2}$

$\dfrac{1}{+\ \boxed{}}$
$\overline{2}$

$\dfrac{2}{+\ \boxed{}}$
$\overline{2}$

 다음 주어진 수와 더해서 3이 되도록 알맞는 수를 써 넣으세요.

3 만 들 기	1	0	3	2	0	1	2	+
	2							
	3	1	2	0	1	3	2	+
	1	2	3	1	0	2	3	+

 □ 안에 알맞은 수를 쓰세요.

0 + □ = 3

2 + □ = 3

□ + 1 = 3

□ + 3 = 3

```
  3
+ □
───
  3
```

```
  2
+ □
───
  3
```

```
  1
+ □
───
  3
```

```
  0
+ □
───
  3
```

다음 주어진 수와 더해서 **4**가 되도록 알맞는 수를 써 넣으세요.

4 만들기

1	0	3	2	4	2	0
3						
3	1	4	0	1	3	2
1	2	3	4	0	3	1

 ☐ 안에 알맞은 수를 쓰세요.

3 + ☐ = 4

1 + ☐ = 4

☐ + 4 = 4

☐ + 2 = 4

$$\begin{array}{r} 2 \\ +\ \boxed{} \\ \hline 4 \end{array}$$

$$\begin{array}{r} 3 \\ +\ \boxed{} \\ \hline 4 \end{array}$$

$$\begin{array}{r} 0 \\ +\ \boxed{} \\ \hline 4 \end{array}$$

$$\begin{array}{r} 1 \\ +\ \boxed{} \\ \hline 4 \end{array}$$

 다음 주어진 수를 더해서 5가 되도록 알맞는 수를 써 넣으세요.

5 만 들 기	1	0	3	5	4	1	2	+
	4							
	3	2	4	0	5	3	2	+
	1	2	3	4	0	2	3	+

 ☐ 안에 알맞은 수를 쓰세요.

1 + ☐ = 5

3 + ☐ = 5

☐ + 2 = 5

☐ + 4 = 5

$$\begin{array}{r} 3 \\ +\ \square \\ \hline 5 \end{array}$$

$$\begin{array}{r} 4 \\ +\ \square \\ \hline 5 \end{array}$$

$$\begin{array}{r} 1 \\ +\ \square \\ \hline 5 \end{array}$$

$$\begin{array}{r} 0 \\ +\ \square \\ \hline 5 \end{array}$$

09 1~5까지의 덧셈 뺄셈

공부한 날: 월 일

 덧셈을 알 수 있어요.

더하거 합치는 것을 기호로 '+'를 사용하고, 더하기로 읽습니다.

식 3 + 2

읽기 3 더하기 2

식 4 + 1

읽기 4 더하기 1

 덧셈식을 쓰고 읽어 보세요.

식

읽기

식

읽기

더하기

1) 덧셈식의 읽기

 □ 안에 알맞은 수를, ○ 안에는 +, = 를 넣으세요.

3 더하기 1은 4와 같습니다.

 덧셈식을 쓰고 읽어 보세요.

2 더하기 3은 5와 같습니다.

더하기

 □ 안에 알맞은 수를 쓰세요.

더하는 수만큼 커짐을 알게 합니다.

3  1  4

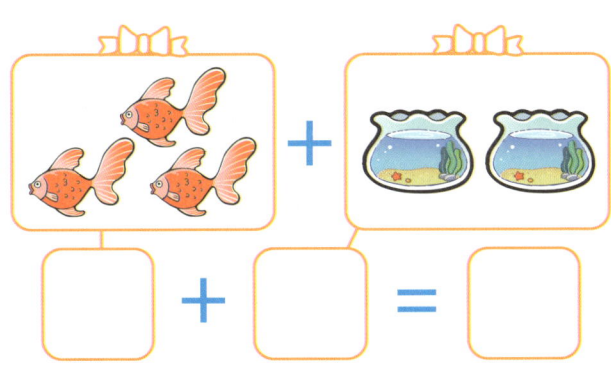

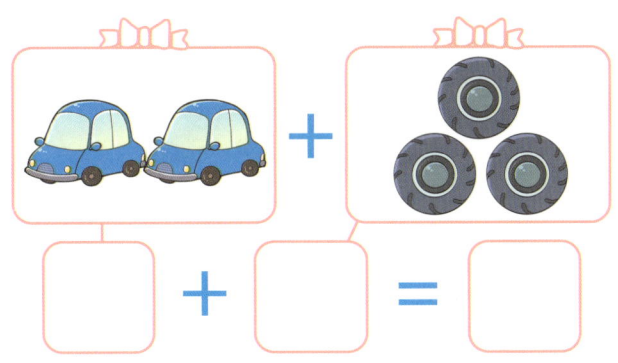

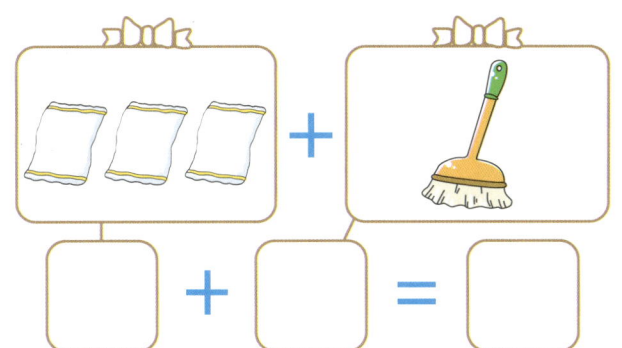

익히기

 □ 안에는 **알맞은 수**를, ◯ 안에는 +, = 를 넣으세요.

3 + 1 = 4

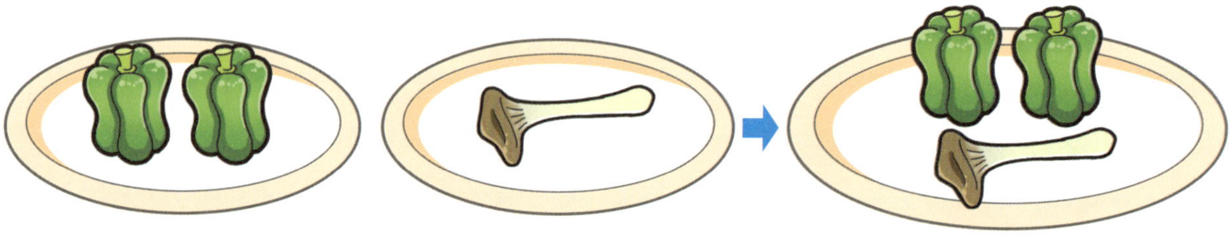

알맞은 식을 찾아 선으로 이으세요.

| 4 + 1 | 1 + 3 | 2 + 1 |

 덧셈을 하고 덧셈식을 읽어 보세요.

4 + 1 = ☐   4 더하기 1은 ☐ 와 같습니다.

2 + 2 = ☐   2 더하기 2는 ☐ 와 같습니다.

더하기

 그림의 수와 ○ 안의 숫자를 합하여 □ 안에 쓰세요.

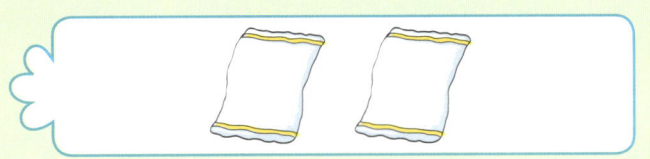 + 2 = 4

 + 1 =

 +  =

 + 3 =

 + 2 =

 + 0 =

 + 1 =

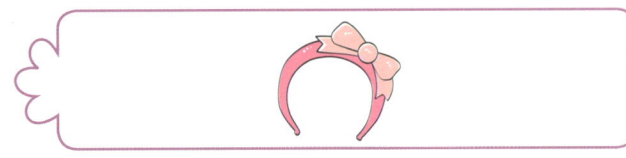 + 4 =

더하기

알맞은 수를 ○ 안에 쓰세요.

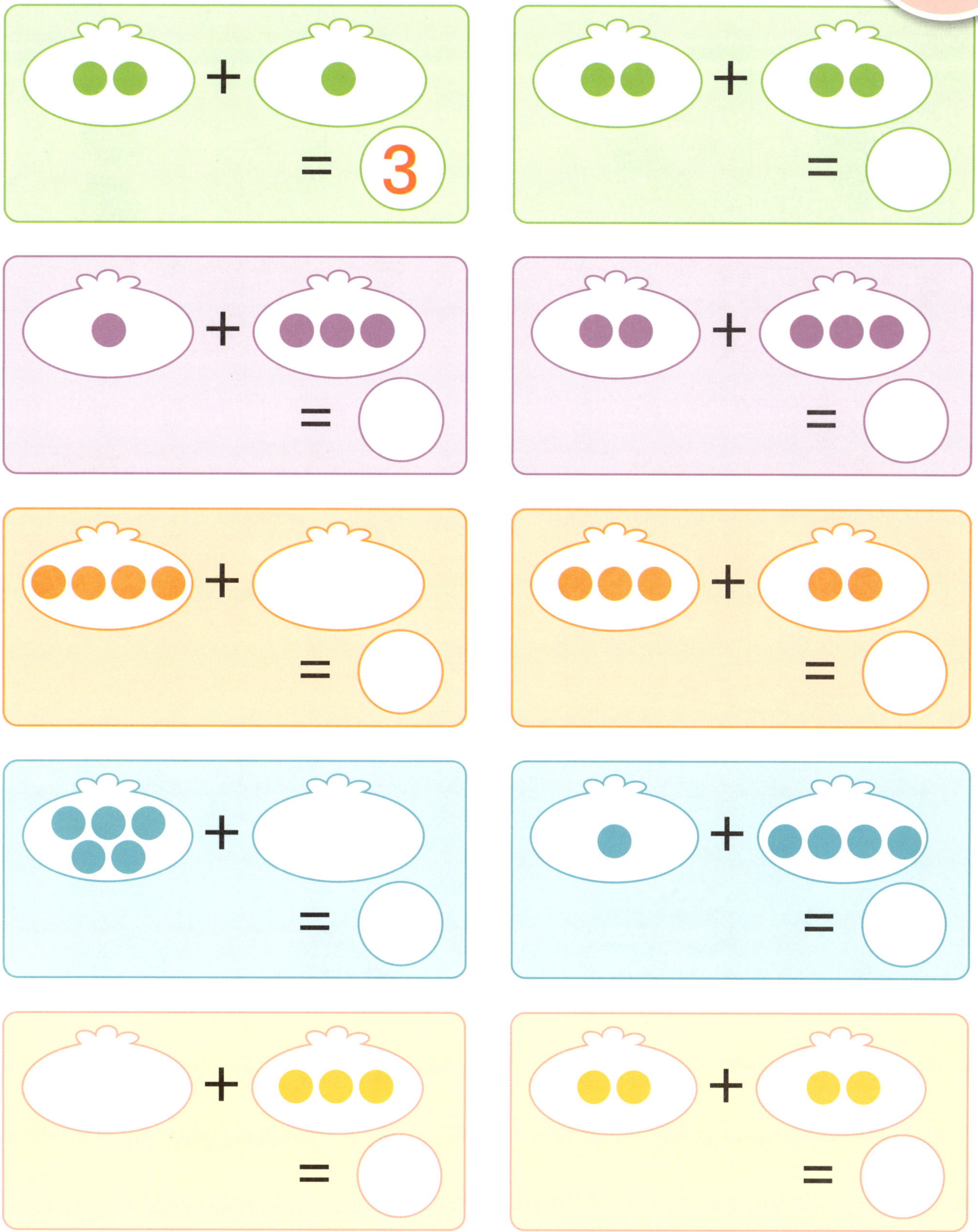

주머니에 아무것도 없는 것은 '0' 이랍니다.

2 + 1 = 3

2 + 2 = ○

1 + 3 = ○

2 + 3 = ○

4 + 0 = ○

3 + 2 = ○

5 + 0 = ○

1 + 4 = ○

0 + 3 = ○

2 + 2 = ○

 ☐ 안에 알맞은 수를 쓰세요.

1 + 2 = 3

☐ + ☐ = ☐

☐ + ☐ = ☐

☐ + ☐ = ☐

☐ + ☐ = ☐

☐ + ☐ = ☐

그림을 보고, 빈칸에 알맞은 수를 쓰세요.

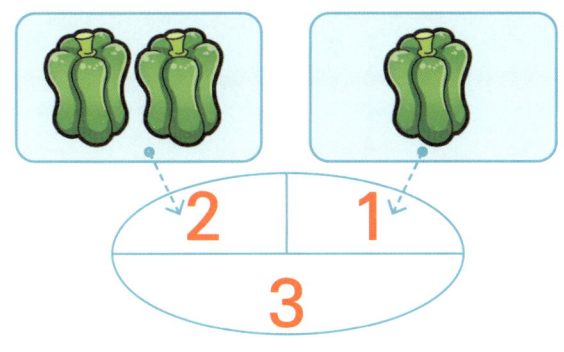

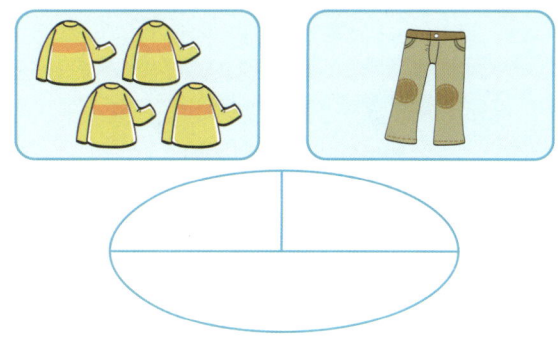

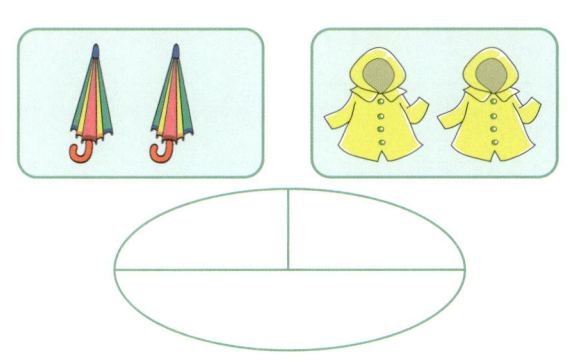

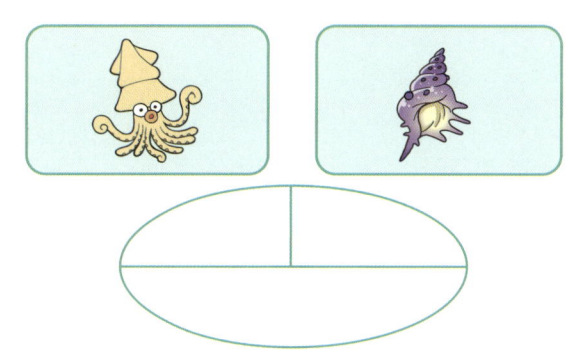

더하기

 □ 안에 1 더 큰 수를 쓰세요.

'+1'은 한 칸 뛰어 센 수에요.

2 → +1 → 3 → +1 → 4

0 → +1 → □ → +1 → □

1 → +1 → □ → +1 → □

2 → +1 → □ → +1 → □

3 → +1 → □ → +1 → □

4 → +1 → □ → +1 → □

 □ 안에 2 더 큰 수를 쓰세요.

'+2'는 2 칸 뛰어 센 수에요.

2 →(+2)→ 4 →(+2)→ 6

0 →(+2)→ □ →(+2)→ □

1 →(+2)→ □ →(+2)→ □

2 →(+2)→ □ →(+2)→ □

3 →(+2)→ □ →(+2)→ □

4 →(+2)→ □ →(+2)→ □

더하기

'+3'은 세 칸 뛰어 센 수에요.

□ 안에 3 더 큰 수를 쓰세요.

0 —+3→ 3 —+3→ 6

2 —+3→ ☐ —+3→ ☐

1 —+3→ ☐ —+3→ ☐

3 —+3→ ☐ —+3→ ☐

4 —+3→ ☐ —+3→ ☐

0 —+3→ ☐ —+3→ ☐

 알맞은 식을 찾아 선으로 이으세요.

    •   • 2 + 1

    •   • 4 + 1

    •   • 3 + 1

    •   • 1 + 3

    •   • 2 + 2

2) 작은 수의 덧셈

 □ 안에 알맞은 수를 쓰세요.

점에다 '/표'하며 세어 보고 숫자를 쓰세요.

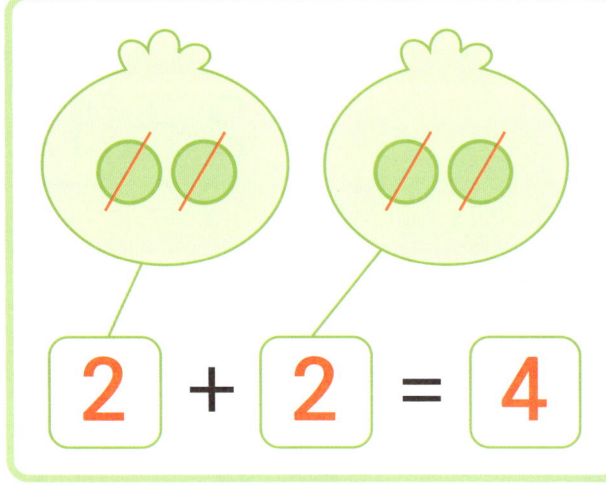
2 + 2 = 4

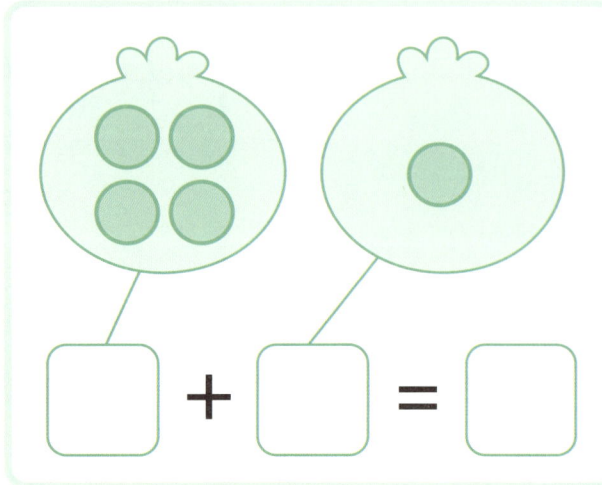

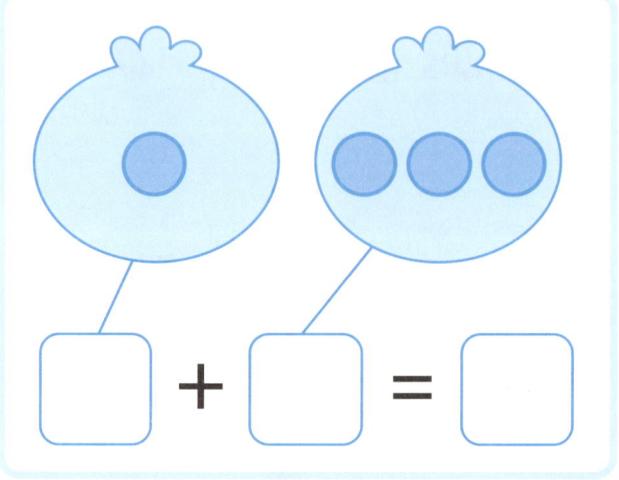

□ 안에 알맞은 수를 쓰세요.

아무것도 없는 것은 '0'을 나타내요

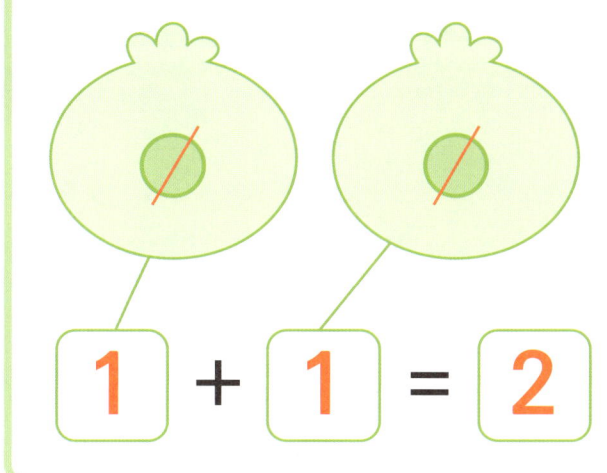

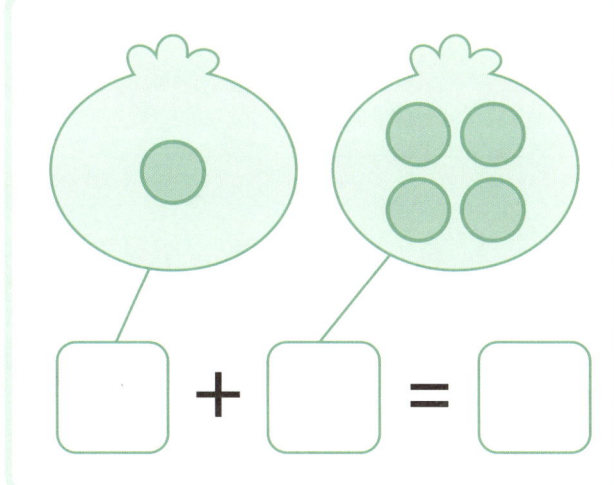

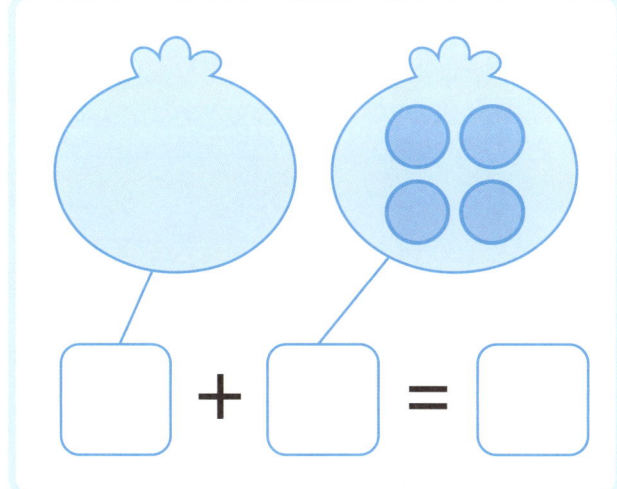

 수만큼 ○ 에 색칠을 하고, □ 안에 알맞은 수를 쓰세요.

2 + 3 = 5

2 + 1 =

3 + 1 =

4 + 1 =

2 + 2 =

1 + 1 =

1 + 3 =

1 + 4 =

3 + 2 =

4 + 0 =

아래의 숫자를 보고, 덧셈을 하세요.

먼저 큰 수에 ○표 한 다음, 작은 수만큼 세어서 올라가게 하세요.

1 + 2 = 3

1 + 3 = ◯

1 + 4 = ◯

2 + 1 = ◯

2 + 2 = ◯

2 + 3 = ◯

3 + 1 = ◯

3 + 2 = ◯

4 + 0 = ◯

4 + 1 = ◯

더하기

 아래의 숫자를 보고, 덧셈을 하세요.

1 + 3 = 4   2 + 3 = ☐

1 + 4 = ☐   2 + 2 = ☐

1 + 2 = ☐   2 + 1 = ☐

1 + 1 = ☐   3 + 1 = ☐

1 + 0 = ☐   4 + 1 = ☐

☐ 안에 알맞은 수를 쓰고, 덧셈을 하세요.

1 + 2 = 3

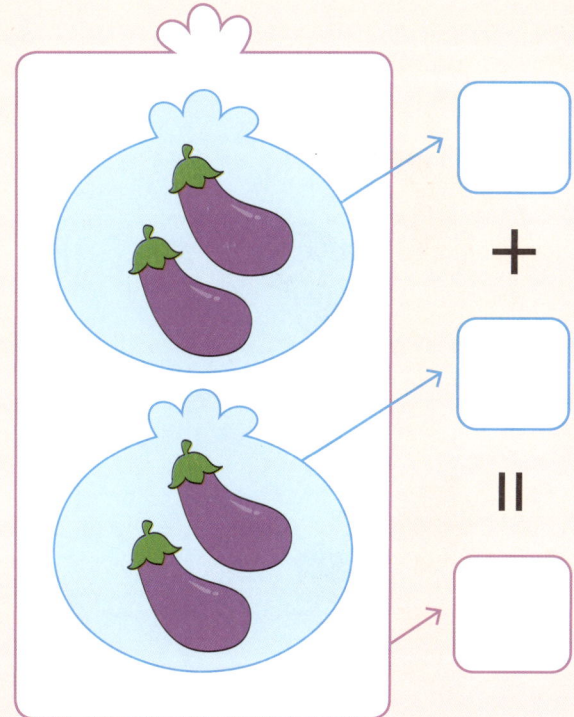

☐ + ☐ = ☐

 덧셈을 하세요.

```
  2          1          3          2
+ 1        + 3        + 0        + 2
 ───        ───        ───        ───
 ☐          ☐          ☐          ☐

  3          1          2          3
+ 1        + 4        + 0        + 2
 ───        ───        ───        ───
 ☐          ☐          ☐          ☐
```

 □ 안에 알맞은 수를 쓰고, 덧셈을 하세요.

먼저 큰 수에 ○표 한 다음, 작은 수만큼 세어서 올라가게 하세요.

2 + 2 = 4

□ + □ = □

 덧셈을 하세요.

  2
+ 2
───
 □

  2
+ 3
───
 □

  3
+ 1
───
 □

  1
+ 2
───
 □

  3
+ 2
───
 □

  1
+ 4
───
 □

  3
+ 0
───
 □

  4
+ 1
───
 □

□ 안에 알맞은 수를 쓰세요.

 이제부터는 점을 찍지 않고 바로 계산할 수 있도록 지도해 보세요. 힘들어하지 않으면 많이 풀어도 됩니다.

$$\begin{array}{r} 1 \\ +2 \\ \hline 3 \end{array}$$

1 + 2 = 3

$$\begin{array}{r} 3 \\ +1 \\ \hline \end{array}$$

3 + 1 = ☐

$$\begin{array}{r} 3 \\ +2 \\ \hline \end{array}$$

3 + 2 = ☐

$$\begin{array}{r} 2 \\ +1 \\ \hline \end{array}$$

2 + 1 = ☐

$$\begin{array}{r} 4 \\ +1 \\ \hline \end{array}$$

4 + 1 = ☐

$$\begin{array}{r} 1 \\ +1 \\ \hline \end{array}$$

1 + 1 = ☐

더하기

 ☐ 안에 알맞은 수를 쓰세요.

$$1 + 1 =$$

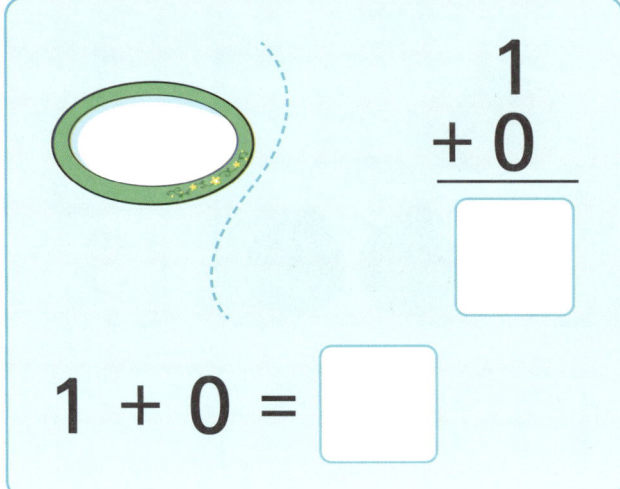

$$1 + 0 =$$

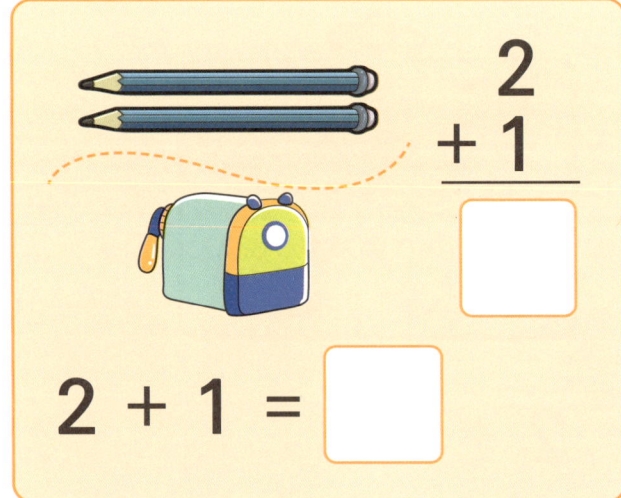

$$2 + 1 =$$

$$1 + 2 =$$

$$3 + 1 =$$

$$4 + 1 =$$

같은 수끼리 선으로 이으세요.

 덧셈을 하세요.

3+1 을 할 때
3이 더 큰수이므로 3에 동그라미하고
3에서 한칸 올라가면 3, 4
따라서 3+1=4가 됩니다.

1~5까지의 덧셈 4

2 + ③ = ☐
4 + 0 = ☐
3 + 2 = ☐
2 + 2 = ☐
1 + 1 = ☐
1 + 2 = ☐

②   ③
+ 2   + 1
☐   ☐

4   1
+ 1   + 3
☐   ☐

1 + ③ = ☐
2 + 3 = ☐
3 + 1 = ☐
5 + 0 = ☐
2 + 2 = ☐
3 + 2 = ☐

②   1
+ 1   + ③
☐   ☐

2   2
+ 0   + 3
☐   ☐

덧셈을 하세요.

3+2 에서
3이 더 큰수이므로 3에 동그라미하고
3에서 2칸 올라가면 3, 4, 5
따라서 3+2=5 입니다.

```
  1         2         3         3
+ 2       + 2       + 0       + 2
────      ────      ────      ────
 □         □         □         □


  2         2         2         3
+ 1       + 3       + 0       + 1
────      ────      ────      ────
 □         □         □         □


  1         1         5         4
+ 4       + 3       + 0       + 1
────      ────      ────      ────
 □         □         □         □
```

 덧셈을 하세요.

1 + 1 = □   1 + 2 = □   1 + 3 = □

2 + 1 = □   2 + 2 = □   2 + 3 = □

3 + 1 = □   3 + 2 = □   4 + 1 = □

더하기

 덧셈을 하세요.

두수 중 큰 수에 동그라미 한 다음 작은 수만큼 점을 찍고 큰 수에 이어서 세게 합니다.

3 + 1 = ☐	3 + 2 = ☐	4 + 0 = ☐	4 + 1 = ☐
4 + 2 = ☐	2 + 3 = ☐	2 + 2 = ☐	2 + 1 = ☐
2 + 0 = ☐	1 + 1 = ☐	3 + 0 = ☐	5 + 0 = ☐

 덧셈을 하세요.

4 + 0 = ☐   3 + 0 = ☐   2 + 0 = ☐

4 + 1 = ☐   3 + 1 = ☐   2 + 1 = ☐

5 + 0 = ☐   3 + 2 = ☐   2 + 2 = ☐

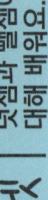

 덧셈을 하세요.

```
  1        2        1        3
+ 3      + 3      + 4      + 2
 ☐        ☐        ☐        ☐

  2        2        2        3
+ 2      + 1      + 0      + 1
 ☐        ☐        ☐        ☐

  4        1        1        4
+ 1      + 2      + 1      + 0
 ☐        ☐        ☐        ☐
```

 덧셈을 하세요.

2 + 1 = ☐   2 + 2 = ☐   2 + 0 = ☐

4 + 1 = ☐   4 + 0 = ☐   3 + 2 = ☐

3 + 1 = ☐   1 + 2 = ☐   1 + 3 = ☐

 덧셈을 하세요.

```
  1        1        1        1
+ 4      + 3      + 2      + 1
─────    ─────    ─────    ─────
 □        □        □        □

  3        2        2        2
+ 3      + 2      + 1      + 0
─────    ─────    ─────    ─────
 □        □        □        □

  3        3        3        4
+ 2      + 1      + 0      + 1
─────    ─────    ─────    ─────
 □        □        □        □
```

 덧셈을 하세요.

3+1 = □   3+2 = □   3+0 = □

2+0 = □   2+1 = □   2+2 = □

1+1 = □   1+2 = □   1+4 = □

같은 수끼리 선으로 이으세요.

1+1 •	• 1 •	• 3+1
2+1 •	• 2 •	• 1+0
2+3 •	• 3 •	• 2+1
2+2 •	• 4 •	• 4+1
1+0 •	• 5 •	• 2+0

더하기

 덧셈을 하고, 기울어지는 쪽에 ○표하세요.

큰 수가 무거우니, 큰 수 쪽으로 기울어져요.

2+1= 3   3+1= 4
( )   (○)

4+1= ☐   3+1= ☐
( )   ( )

2+2= ☐   1+4= ☐
( )   ( )

3+2= ☐   2+2= ☐
( )   ( )

10 뺄셈을 알 수 있어요.

공부한 날: 월   일

식 5 - 2

읽기 5 빼기 2

식 4 - 2

읽기 4 빼기 2

뺄셈식은 전체수를 먼저 쓰고, 덜어낸 수의 숫자를 빼기 다음에 써요.

 뺄셈식을 쓰고 읽어 보세요.

식

읽기

식

읽기

빼기

1) 뺄셈식의 읽기

□ 안에는 알맞은 수를, ○ 안에는 −, = 를 넣으세요.

5 ○ □ ○ = □

5 빼기 1은 4와 같습니다.

뺄셈식을 쓰고, 읽어 보세요.

□ ○ □ ○ □

5 빼기 3은 2와 같습니다.

 알맞은 식을 찾아 선으로 이으세요.

4 - 1　　　5 - 1　　　3 - 1

 뺄셈을 하고, 뺄셈식을 읽어 보세요.

3 - 1 = ☐　　　3 빼기 1은 ☐ 와(과) 같습니다.

5 - 2 = ☐　　　5 빼기 2는 ☐ 와(과) 같습니다.

 알맞은 식을 찾아 선으로 이으세요.

   4 − 2

   3 − 1

   5 − 3

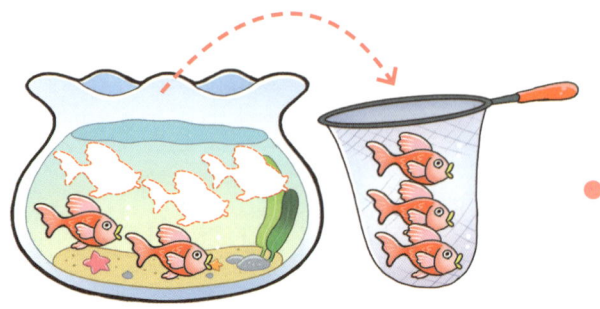   5 − 1

 뺀 수만큼 지우고, ☐ 안에 알맞은 수를 쓰세요.

4 − 2 = 2

5 − 2 =

3 − 2 =

4 − 1 =

3 − 3 =

5 − 1 =

 뺀 수만큼 지우고, ☐ 안에 알맞은 수를 쓰세요.

전체의 수에서 빼는 수만큼 지우고, 남은 수를 쓰게 합니다.

5 − 3 = 2

5 − 1 = ☐

4 − 3 = ☐

4 − 1 = ☐

5 − 2 = ☐

3 − 1 = ☐

4 − 2 = ☐

3 − 2 = ☐

 뺀 수만큼 지우고, ☐ 안에 알맞은 수를 쓰세요.

5 − 3 = 2

5 − 1 = ☐

4 − 1 = ☐

4 − 3 = ☐

3 − 2 = ☐

3 − 1 = ☐

4 − 2 = ☐

5 − 4 = ☐

5 − 0 = ☐

4 − 0 = ☐

아래의 숫자를 보고, 뺄셈을 하세요.

큰 수의 점에서 작은 수의 점만큼 지우고 남은 점의 개수를 쓰세요.

1~5까지의 뺄셈 2

4 − 2 = 2

4 − 3 =

5 − 4 =

2 − 1 =

4 − 1 =

5 − 3 =

3 − 1 =

3 − 2 =

4 − 0 =

3 − 3 =

아래의 숫자를 보고, 뺄셈을 하세요.

4 − 3 = 1   5 − 3 = ☐

4 − 4 = ☐   5 − 2 = ☐

4 − 2 = ☐   2 − 1 = ☐

5 − 1 = ☐   3 − 1 = ☐

1 − 0 = ☐   4 − 1 = ☐

□ 안에 알맞은 수를 쓰고, 뺄셈을 하세요.

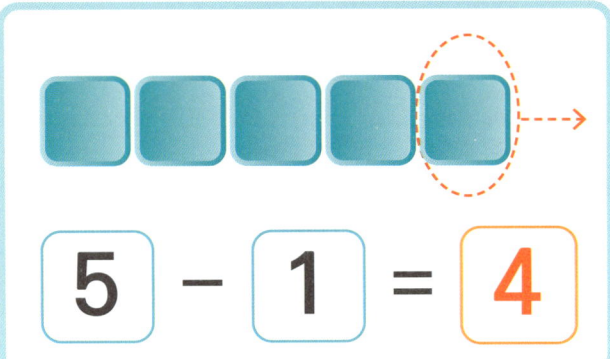
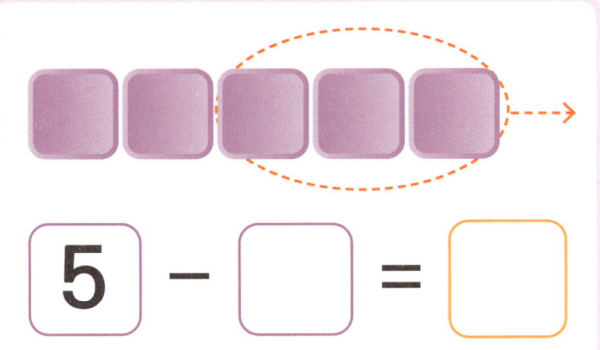
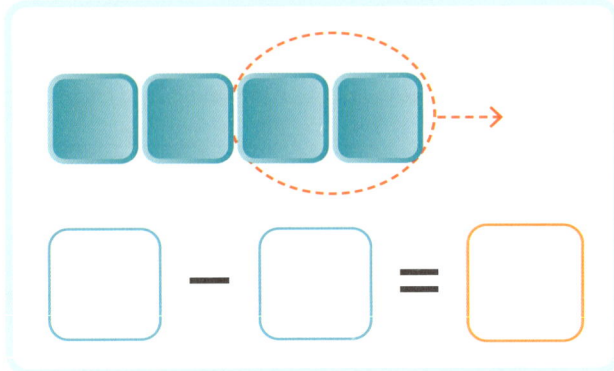
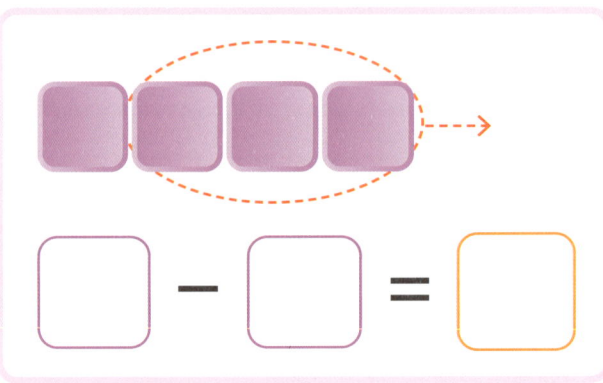
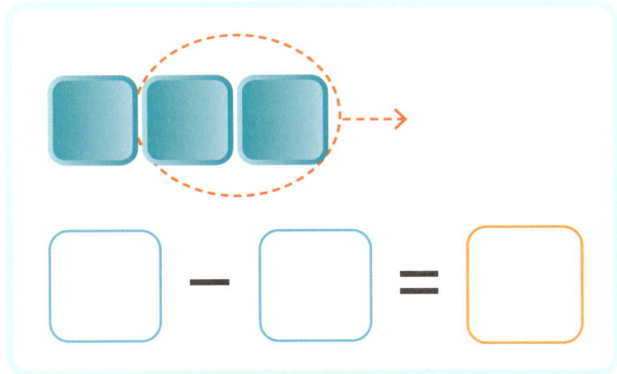
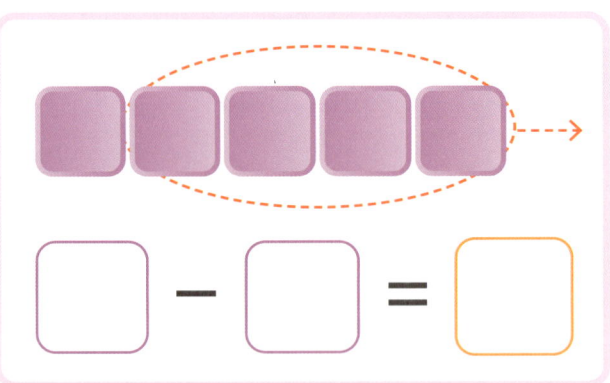
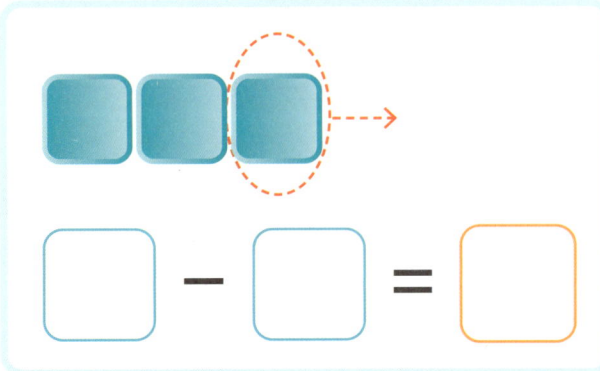
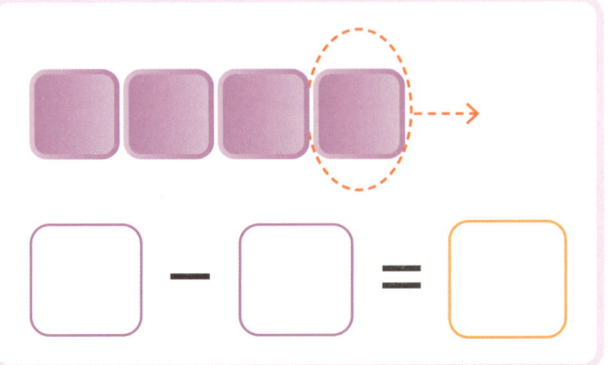

□ 안에 알맞은 수를 쓰고, 뺄셈을 하세요.

3 - 2 = 1

5 - 2 = □

 뺄셈을 하세요.

```
  3      5      3      4
- 2    - 3    - 1    - 2
────   ────   ────   ────
  1     □      □      □


  5      1      3      4
- 2    - 1    - 0    - 1
────   ────   ────   ────
  □     □      □      □
```

□ 안에 알맞은 수를 쓰시오.

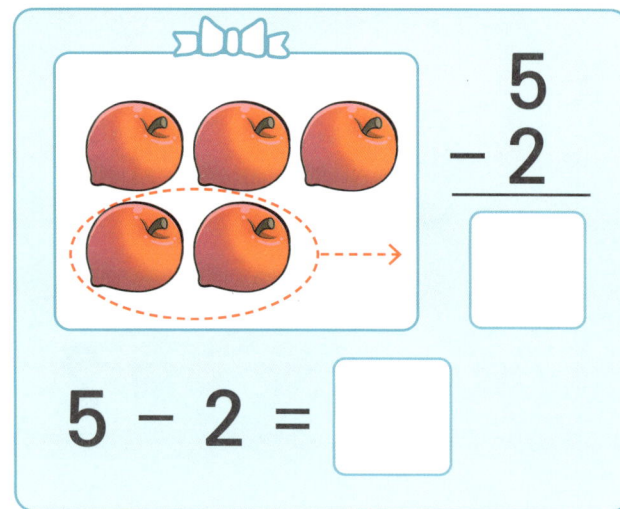

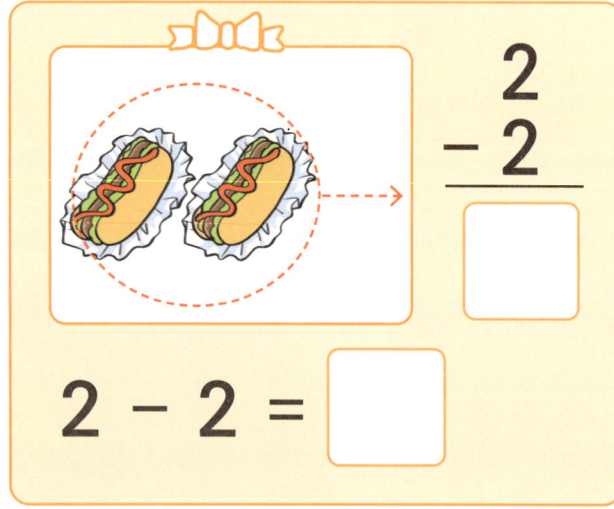

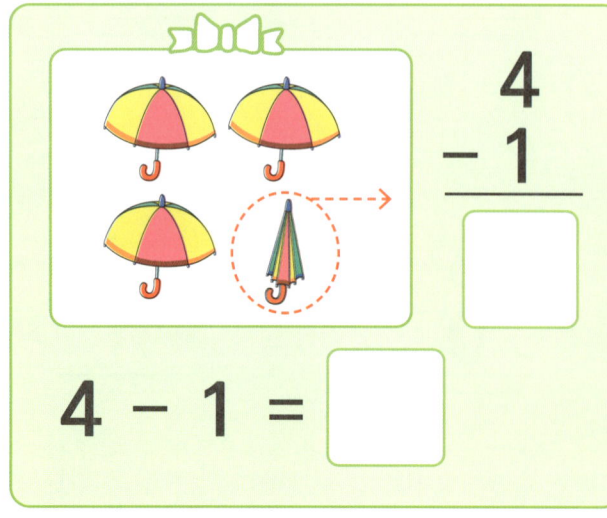

 □ 안에 1 작은 수를 쓰세요.

'-1, -2'등 작아지는 수의 계열도 이해하게 합니다.

3 —−1→ 2 —−1→ 1

빼기는 수를 거꾸로 내려 가게 합니다.

2 —−1→ □ —−1→ □

4 —−1→ □ —−1→ □

3 —−1→ □ —−1→ □

6 —−1→ □ —−1→ □

5 —−1→ □ —−1→ □

128 빼기 3개월에 숫자떼기 ①

□ 안에 2 작은 수를 쓰세요.

빼기는 수를 거꾸로 내려가기를 하면 된다는 것을 알게 해주세요.

5 —−2→ 3 —−2→ 1

8 —−2→ □ —−2→ □

6 —−2→ □ —−2→ □

4 —−2→ □ —−2→ □

7 —−2→ □ —−2→ □

9 —−2→ □ —−2→ □

2) 작은 수의 뺄셈

 같은 수끼리 선으로 이으세요.

1 − 1 •	• 1 •	• 3 − 1
4 − 0 •	• 2 •	• 5 − 5
5 − 2 •	• 3 •	• 5 − 1
3 − 2 •	• 4 •	• 4 − 1
4 − 2 •	• 0 •	• 2 − 1

 뺄셈을 하세요.

4 - 3 은
4 보다 3 작은수이므로
4에서 3칸 내려가서 4, 3, 2, 1
따라서 4-3=1 입니다.

4 − 3 =
4 − 2 =
3 − 2 =
4 − 1 =
2 − 0 =
1 − 1 =

3 − 1 =
4 − 3 =
5 − 3 =
5 − 2 =
2 − 2 =
3 − 3 =

```
  4        3
- 2      - 2
----    ----
```

```
  2        3
- 1      - 1
----    ----
```

```
  2        5
- 2      - 2
----    ----
```

```
  4        5
- 1      - 1
----    ----
```

 뺄셈을 하세요.

5 − 1 = ☐	4 − 1 = ☐	3 − 1 = ☐	2 − 1 = ☐
5 − 3 = ☐	4 − 3 = ☐	3 − 3 = ☐	5 − 2 = ☐
4 − 2 = ☐	3 − 2 = ☐	2 − 2 = ☐	5 − 4 = ☐

 뺄셈을 하세요.

4 − 2 = ☐   3 − 2 = ☐   2 − 2 = ☐

5 − 2 = ☐   3 − 1 = ☐   2 − 1 = ☐

4 − 3 = ☐   4 − 1 = ☐   5 − 1 = ☐

 뺄셈을 하세요.

```
  3       5       3       4
- 1     - 3     - 2     - 1
----    ----    ----    ----
 □       □       □       □

  4       4       4       2
- 2     - 0     - 4     - 1
----    ----    ----    ----
 □       □       □       □

  5       3       5       5
- 2     - 1     - 4     - 1
----    ----    ----    ----
 □       □       □       □
```

 뺄셈을 하세요.

4 − 1 = □   3 − 1 = □   5 − 1 = □

4 − 2 = □   3 − 2 = □   5 − 2 = □

4 − 3 = □   3 − 3 = □   5 − 3 = □

 뺄셈을 하세요.

4 •• //	5 •••••	3 •••	2 ••
− 2	− 2	− 2	− 2
☐	☐	☐	☐

4	5	3	2
− 1	− 1	− 1	− 1
☐	☐	☐	☐

4	3	5	5
− 3	− 1	− 4	− 3
☐	☐	☐	☐

 뺄셈을 하세요.

$2-1=$ ☐ $3-1=$ ☐ $5-3=$ ☐

$2-2=$ ☐ $3-2=$ ☐ $5-2=$ ☐

$2-0=$ ☐ $3-3=$ ☐ $5-1=$ ☐

뺄셈을 하여 ☐ 안에 수를 써넣고, 많은 쪽에 >, < 를 하세요.

5 - 2   4 - 2

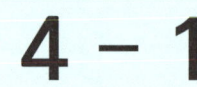 ◯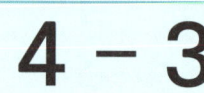
4 - 1   4 - 3
   ☐

5 - 3 ◯ 2 - 1

3 - 1 ◯ 5 - 1
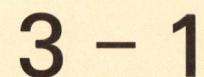 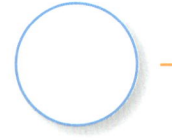

 뺄셈을 하세요.

$$4 - 3 = \square$$

$$3 - 2 = \square$$

$$2 - 2 = \square$$

$$5 - 1 = \square$$

$$3 - 0 = \square \qquad 4 - 1 = \square$$

$$4 - 2 = \square$$

$$5 - 1 = \square$$

$$5 - 5 = \square$$

시소가 기울지 않도록 ☐ 안에 알맞은 수를 쓰세요.

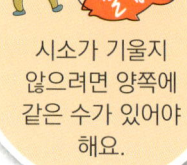
시소가 기울지 않으려면 양쪽에 같은 수가 있어야 해요.

 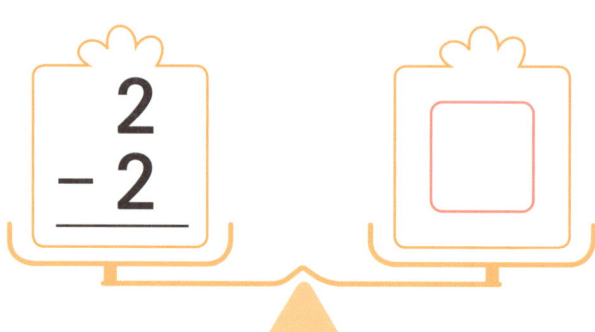

문제를 풀어 보세요.

공부한 날: 월 일

1 빈곳에 알맞은 수를 쓰세요.

2 전체의 수를 세어 ○ 안에 쓰고, 갈라진 수에 ○표하세요.

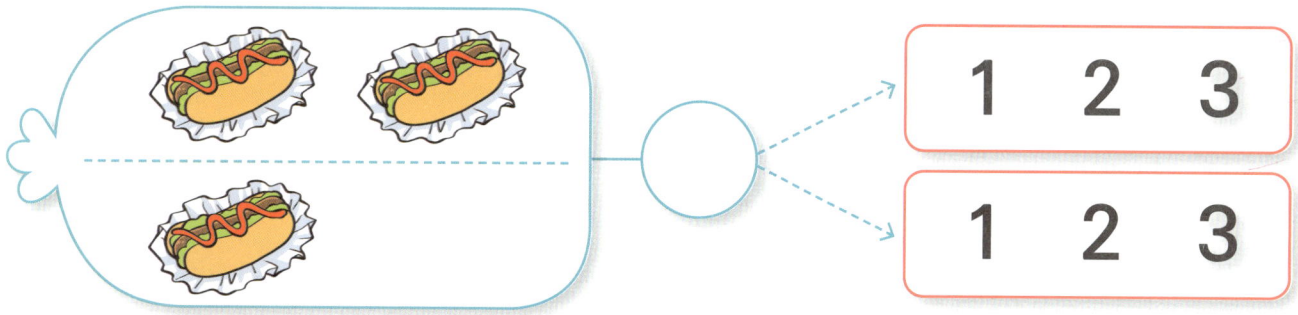

1 2 3

1 2 3

3 그림을 보고 덧셈을 하세요.

4 + 1 =

3 그림을 보고 뺄셈을 하세요.

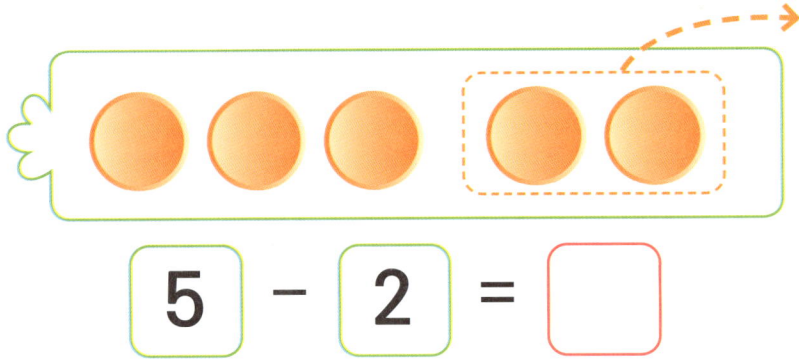

4 덧셈과 뺄셈을 하세요.

4+1 =   3+2 =   1+3 =

5-1 =   2-1 =   4-3 =

5 같은 수끼리 선으로 이으세요.

 •   • 3 •   • $\begin{array}{r}1\\+2\\\hline\end{array}$

 •   • 4 •   • $\begin{array}{r}5\\-1\\\hline\end{array}$

연구하며 공부해요.

탐구 활동

 친구들과 주사위 놀이를 하고 있어요.

 친구들이 던진 주사위 숫자입니다.

1. 진서가 던진 주사위 수보다 **1 작은 수**를 던진 친구는 누구인가요?
   (   )

2. 진서가 던진 주사위 수보다 **1 큰 수**를 던진 친구는 누구인가요?
   (   )

3. 주사위 수를 합해서 5를 만들려고 합니다.
   어느 친구들끼리 짝을 이루어야 할까요?
   5를 만들 수 있는 친구들을 모두 짝지어 보세요.
   (,   ) (,   )

4. 부모님과 재미있게 주사위 놀이를 해보세요.

총괄평가 (얼마나 잘하는지 알아보아요.)

공부한 날 :   월   일

 왼쪽의 순서에 맞게 ♡에 색칠하세요.

 가장 큰 수에 ○ 표하세요.

 □ 안에 알맞은 수를 쓰세요.

4보다 1 작은 수는 □ 입니다.   3보다 1 큰 수는 □ 입니다.

□ 안에 알맞은 수를 넣으세요.

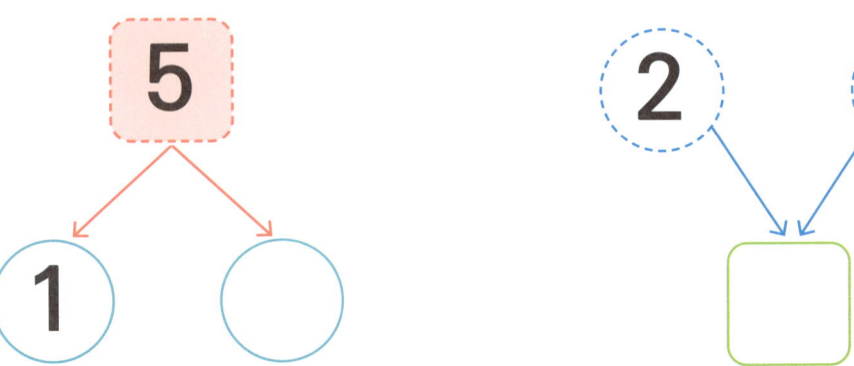

같은 수끼리 선으로 이으세요.

1 + 1	•	• 5 •	•	4 − 1
2 + 1	•	• 2 •	•	5 − 0
2 + 3	•	• 4 •	•	4 − 2
2 + 2	•	• 3 •	•	5 − 1

```
  2        1        3        1
+ 2      + 1      + 0      + 4
-----    -----    -----    -----
```

```
  4        5        5        3
- 1      - 1      - 0      - 1
-----    -----    -----    -----
```

 덧셈과 뺄셈을 하세요.

부호를 잘 보고 덧셈과 뺄셈을 하세요.

$$\begin{array}{r}1\\+2\\\hline\end{array}\quad\begin{array}{r}2\\+2\\\hline\end{array}\quad\begin{array}{r}3\\-0\\\hline\end{array}\quad\begin{array}{r}3\\-2\\\hline\end{array}$$

$$\begin{array}{r}2\\+1\\\hline\end{array}\quad\begin{array}{r}2\\+3\\\hline\end{array}\quad\begin{array}{r}5\\-3\\\hline\end{array}\quad\begin{array}{r}3\\-1\\\hline\end{array}$$

$$\begin{array}{r}1\\+4\\\hline\end{array}\quad\begin{array}{r}1\\+3\\\hline\end{array}\quad\begin{array}{r}5\\-5\\\hline\end{array}\quad\begin{array}{r}4\\-1\\\hline\end{array}$$

3+2=☐ 1+2=☐ 1+3=☐

4−1=☐ 5−2=☐ 4−3=☐

3+1=☐ 3+0=☐ 4+1=☐

초판 3쇄 발행 : 2025년 1월 5일

펴낸곳 : 도서출판 이지교육

펴낸이 : 이지교육 편집부

주소 : 서울 특별시 양천구 목동서로 77 현대월드타워 2215호

전화 : (02)2648-3065

국제전화 : 070-4442-9963

팩스 : (02)2651-2268

홈페이지 : www.easyedui.com

카페 : http://cafe.naver.com/easyko

e-mail : easyhangeul@naver.com

ISBN : 978-89-98693-50-3

잘못된 책은 바꾸어 드립니다.
본 책의 저작권은 이지교육에 있으며 저작권법에 의해 보호를 받는 저작물이므로 무단 복제와 전제를 금합니다.